Thomas Dippel

BROT, BRÖTCHEN UND GEBÄCK

Thomas Dippel

BROT, BRÖTCHEN UND GEBÄCK

Unwiderstehliche Rezepte für jeden Tag

riva

INHALT

VORWORT

Jeder kann backen, und dazu braucht es auch gar nicht viel. In diesem Buch findest du einen Großteil der beliebtesten Backrezepte von meinem YouTube-Kanal »Thomas kocht«, aber auch jede Menge neue Rezepte. Das Schöne an der Sache ist, dass du dir viele Rezepte als Video anschauen kannst. Gerade bei kompliziertem Gebäck wie zum Beispiel Croissants kann das sehr hilfreich sein.

Wer die Rezepte in dem Buch beherrscht, wird bald in der Lage sein, auch eigene Kreationen zusammenzustellen und bestehende Vorgaben an seine Bedürfnisse anzupassen. Backanfängern rate ich jedoch, sich erst mal an die Rezepte zu halten, damit sie auch wirklich gelingen.

Vor dem Start empfehle ich dir, den kurzen Theorieteil durchzulesen. Dabei werden sich sicher schon sehr viele Fragen klären. Gerade das Verständnis, wieso, weshalb und warum manche Dinge funktionieren und andere eben nicht, kann dein Backkönnen schnell auf die nächste Ebene bringen. Letztlich lernt man bei jedem Backen etwas, am meisten sogar, wenn Dinge misslungen sind. Also keine Angst davor, etwas auszuprobieren. Wichtig ist, neugierig und offen für Neues zu sein. Auch ich lerne immer wieder Neues dazu, sei es beim Kochen oder Backen. Bei der Entstehung dieses Buches habe ich ebenfalls Unmengen gelernt, da ich viel gebacken und ausprobiert habe. Solltest du also bei dem ein oder anderen Rezept, das du bereits von meinem Kanal kennst, feststellen, dass es leicht abgeändert ist, dann liegt das einfach daran, dass ich es meinem neuen Wissensstand angepasst habe.

Solltest du meinen Kanal nicht kennen und dich fragen, warum er »Thomas kocht« und nicht »Thomas backt« heißt, hier die Antwort: Eigentlich ist es ein Kochkanal, denn ich bin gelernter und leidenschaftlicher Koch. Das Backen ist aber eine weitere Leidenschaft von mir, die ich jetzt schon seit vielen Jahren immer weiter ausbaue.

Nun aber genug geredet und ran ans Mehl. Ich wünsche dir ganz viel Spaß mit diesem Buch!

Dein *Thomas Dippel*

WICHTIGE THEORIE

Kurze Erläuterung zum Verständnis der Rezepte

1. Die Rezepte sind alle so beschrieben, dass sie in einer Küchenmaschine geknetet werden. Ich habe das so gemacht, um es einheitlich zu halten. Du kannst aber jedes einzelne Rezept auch ohne Maschine zubereiten und den Teig von Hand kneten. Ich habe jahrelang meine Teige mit der Hand geknetet, bevor ich mir zur Erleichterung doch eine Küchenmaschine zugelegt habe. Die Knetzeiten sind meist die gleichen. In 10 bis 15 Minuten hat man auch von Hand den Teig gut durchgearbeitet.
2. Mehl, das im Rezept zum Bestäuben der Arbeitsfläche genutzt wird oder um Gärkörbe zu mehlieren, ist immer extra Mehl zusätzlich zu den Mengenangaben in den Rezepten.
3. Die Flüssigkeiten habe ich alle in Gramm und nicht in Millilitern angegeben. Das mache ich deswegen, weil das Wiegen einfach viel genauer ist, als einen Messbecher zu benutzen. Und Genauigkeit ist bei Backrezepten sehr wichtig.
4. Wenn in der Rezeptangabe Zimmertemperatur steht, ist eine Temperatur zwischen 18 und 22 °C gemeint.
5. Genaue Erklärungen zu vielen Fachbegriffen findest du im Glossar ab Seite 171.

Was brauche ich zum Backen an Gerätschaften?

Backen kann wirklich jeder, der einen Ofen zu Hause hat. Viel mehr braucht es eigentlich nicht. Spezielles Equipment ist im Grunde nicht nötig, in vielen Fällen kann man improvisieren. Es gibt allerdings Sachen, die einem das Leben deutlich leichter machen. Wer also Spaß am Backen hat, kann sich nach und nach das ein oder andere zulegen. Auf meiner Website www.thomas-kocht.de findest du ein paar Empfehlungen dazu.

Wichtige Utensilien

- Eine genaue Digitalwaage
  Die ist wirklich unerlässlich. Für das Gelingen der Rezepte müssen die Zutaten aufs Gramm genau abgewogen werden. Die meisten handelsüblichen Waagen bekommen das auch sehr gut hin und sind für wenig Geld zu haben.
- Teigkarte
  Ich kann nicht ohne meine Teigkarte. Sie ist ein extrem nützlicher Helfer, übrigens auch beim Kochen. Oft bekommt man sie für unter 1 Euro zu kaufen.
- Teigschaber aus Silikon
  Sehr wichtig, um Schüsseln sauber auszukratzen, damit nicht das halbe Rezept darin hängen bleibt. Deswegen werden sie auch Geizhals genannt.
- Verschiedene Schüsseln
  Ich benutze am liebsten Edelstahlschüsseln. Aber jede Schüssel tut ihre Arbeit.
- Kastenformen
  Es ist immer gut, ein bis zwei Kastenformen zu besitzen. Die Rezepte im Buch sind alle in der gleichen Form mit den Maßen 30 × 10 × 8 cm gebacken. Sollte deine Form nicht exakt diese Maße haben, ist das nicht schlimm.
- Einstechthermometer
  Es geht zwar auch ohne, aber ein Thermometer macht das Leben doch sehr viel einfacher und wird die Qualität deiner Backwaren enorm verbessern. Für mich gehört es einfach in die Küche, da man es nicht nur zum Backen, sondern auch zum Kochen sehr gut gebrauchen kann.
- Pinsel
  Zum Einstreichen von Backwaren mit Eistreiche oder auch, um überschüssiges Mehl von Teiglingen zu entfernen.
- Ein scharfes Messer
  Zum Einschneiden von Broten und Brötchen. Eine Rasierklinge funktioniert auch sehr gut. Ein scharfes Brotmesser solltest du auch unbedingt haben.

Hilfreiches

- Gusseiserner Topf
  Ein gusseiserner Topf ist eine Investition fürs Leben. Er ist nicht nur großartig zum Kochen, sondern auch, um Brote damit zu backen. Mehr dazu unter dem Punkt »Backen, aber wie?« (siehe Seite 17).

- Leinentücher oder Bäckerleinen
  Ich benutze sehr gerne Leinentücher, um meine Gärkörbe damit auszulegen. So bleiben die Körbe sauber, und die Tücher kann man einfach in der Waschmaschine waschen. Der Vorteil von Leinen ist, dass es nicht fusselt und ein ideales Klima für den Teig schafft. Ersatzweise kann man aber auch Baumwolltücher nehmen.

- Gärkörbe
  Sind sehr praktisch, um die Brote darin gehen zu lassen. Auch für die Optik von Broten sind sie schön, da diese ein ringförmiges Muster aus Mehl bekommen, wenn man die Körbe nicht mit Tüchern auslegt. Alternativ kann man aber auch jede Schüssel mit einem Leinen- oder Baumwolltuch auslegen und als Ersatz für einen Gärkorb verwenden.

- Pizzastein oder Pizzastahl
  Anders als ein heißes Blech, das schnell abkühlt, wenn man ein Brot daraufgibt, speichert ein Stein bzw. Stahl die Hitze sehr gut. Liegen ein Brot oder Brötchen darauf, bekommen die Backwaren mehr Hitze von unten. Das sorgt für eine gute Kruste am Boden, aber auch für mehr Ofentrieb, die Backwaren gehen also besser auf.

- Timer
  Ein Timer ist sehr praktisch, um Dinge im Ofen nicht zu vergessen. Aber nicht nur für die Backzeit, sondern auch für die verschiedenen Ruhephasen und die Knetzeit ist das Einstellen eines Timers sinnvoll. Man könnte zwar auch das Handy nutzen, aber gerade in der Küche und beim Arbeiten mit Mehl ist das doch eher schwierig.

- Pizzaschieber
  Um Brote und Brötchen einfacher in den Ofen zu schieben. Alternativ benutze ich auch oft mein hölzernes Schneidebrett.

Mehl – Typen und Eigenschaften

Ich verwende in diesem Buch handelsübliche Mehlsorten, die man eigentlich überall bekommen kann. Wenn du noch kein Backprofi bist, dann halte dich bitte an die angegebenen Mehlsorten im Rezept, denn nicht jedes Mehl kann beliebig durch ein anderes ersetzt werden.

Was bedeuten die Typenangaben?

Die Typenzahlen wie 405, 550, 1050 etc. geben nichts anderes an als den Mineralstoffgehalt der Mehle in Milligramm bezogen auf 100 Gramm Mehl. Das Ganze wird gemessen, indem man 100 Gramm Mehl verbrennt und die Asche wiegt. Das Gewicht der Asche entspricht dem Gewicht der Mineralstoffe. Da die Randschichten des Korns mehr Mineralstoffe enthalten als der Keim, haben dunklere Mehle auch mehr Mineralstoffe.

Vollkornmehle sind immer ohne Typenangabe.

Je höher die Typenzahl ist, umso dunkler ist das Mehl und umso mehr Mineralstoffe weist es auf. Für das Backen ist wichtig zu wissen, dass Mehl mit einer höheren Typenzahl auch mehr Wasser binden kann. Ein Weizenmehl Type 405 bindet also weniger Wasser als ein Weizenmehl Type 1050 oder ein Weizenvollkornmehl. Ein Weizenvollkornmehl nimmt etwa 10 bis 15 Prozent mehr Wasser auf als ein Weizenmehl Type 550. Wenn man ein Mehl durch ein anderes ersetzen will, muss man also ggf. die Wassermenge anpassen.

Mehlsorten

In den Rezepten im Buch kommen Weizenmehl, Dinkelmehl, Roggenmehl und Semola zum Einsatz. **»Semola di grano duro rimacinata«** ist ein Mehl aus italienischem Hartweizengrieß und hat eine typisch gelbe Farbe. Anders als unser Hartweizengrieß ist es sehr fein gemahlen. Es hat einen höheren Glutengehalt als normales Weizenmehl und eignet sich damit sehr gut für Brote und Pasta. Es ist auch perfekt, um Pizzaschieber zu bestreuen, bevor man ein Brot daraufgibt. Anders als Mehl verklebt es nicht so schnell. So gleiten Brote und Co. wunderbar vom Schieber in den Ofen.

Weizen- und Dinkelmehle sind sich in ihren Backeigenschaften sehr ähnlich. Dinkel hat sogar mehr Gluten als normaler Weizen, bildet aber nicht so ein stabiles Gerüst. Daher sollte man Dinkel etwas behutsamer kneten. Ansonsten kann man alle Rezepte mit Weizenmehl durch Dinkelmehl ersetzen und umgekehrt:

- Weizenmehl Type 550 durch Dinkelmehl Type 630,
- Weizenmehl Type 1050 durch Dinkelmehl Type 1050 und
- Weizenvollkornmehl durch Dinkelvollkornmehl.

Roggenmehl hat einen sehr geringen Glutenanteil, dafür aber sogenannte Pentosane (Schleimstoffe). Die Schleimstoffe können jede Menge Wasser binden und bilden zusammen mit der enthaltenen Stärke die Krume des Brotes.

Da Gluten dafür sorgt, dass ein Teig schön elastisch und dehnbar wird, wird man nur mit Roggenmehl einen glatten, elastischen Teig also nie hinbekommen. Roggenteige sind also von Natur aus eher klebrig und weich. Daher muss man Roggen auch nicht lange kneten, da sich so oder so kein Klebergerüst aufbauen kann. Das Gerüst beim Roggenmehl besteht aus Stärke.

Reismehl ist glutenfrei, also kleberfrei. Daher eignet es sich sehr gut, um zum Beispiel Gärkörbe und Bäckerleinen zu mehlieren, da es sich nicht mit dem Teig verbindet.

Temperaturen

Backen mit Hefe und Sauerteig ist ein unglaublich komplexes Thema. Es ist eigentlich unmöglich, eine genaue Zeit anzugeben, wie lange ein Brot gehen muss, bis es die richtige Gare (siehe dazu Seite 17) erreicht hat. Nur wenn man viel beobachtet, probiert und auch durch Fehlversuche lernt man, wann der richtige Zeitpunkt gekommen ist, um ein Brot zu backen.

Dabei hat die Temperatur einen entscheidenden Einfluss.

Teigtemperatur

Die ideale Temperatur eines Teiges nach dem Kneten beträgt in der Regel zwischen 24 und 26 °C. Um diese Temperatur zu erreichen, muss man die Raumtemperatur und die Temperatur des Wassers bzw. der verwendeten Flüssigkeit im Auge behalten. Beim Kneten – ob per Hand oder mit der Maschine – entsteht ebenfalls Wärme, das können im Extremfall schon bis zu 1 °C pro Minute sein.

Das heißt zum Beispiel: Wenn dein Teig nach 10 Minuten Kneten eine Temperatur von 21 °C hat, sollte beim nächsten Mal die Temperatur der verwendeten Flüssigkeit um 3 bis 4 °C höher liegen. Wenn der Teig etwas zu kalt ist, ist das nicht so schlimm. Hat der Teig aber nach dem Kneten 28 °C und mehr, kann es schnell passieren, dass er weich wird und die Glutenstränge reißen. Dann war die Temperatur der Flüssigkeit auf jeden Fall zu hoch. So einen Teig kann man zwar noch backen, meist wird das Ergebnis aber nicht ideal.

Raumtemperatur

Ist im Rezept die Rede von Zimmertemperatur, so sind zwischen 18 und 22 °C gemeint. Steht im Rezept, dass der Teig eine Stunde Stockgare braucht, kann es sein, dass bei beispielsweise 26 °C Zimmertemperatur die Zeit sich auf eine halbe Stunde reduziert. Oder bei kühleren Temperaturen eben verdoppelt. Die Zeiten können also immer nur Richtwerte sein.

Der große Vorteil, den das Ganze hat, ist, dass man mit ein wenig Erfahrung den Teig durch Temperaturänderungen an seinen Tagesablauf anpassen kann.

Tipp zum Gehenlassen

Besonders bei kälteren Temperaturen lege ich gerne eine Wärmflasche mit heißem Wasser (aus dem Wasserhahn reicht, etwa 60 bis max. 70 °C) in den ausgeschalteten Ofen auf den Boden. Dann setze ich meinen Teig oder Brot auf ein Blech darüber (die Flasche sollte das Blech nicht berühren). So bekomme ich über mehrere Stunden die perfekte Wohlfühltemperatur von 25 bis 28 °C problemlos hin. Das ist auch ideal für Sauerteige im Winter. Der Trick mit eingeschalteter Ofenlampe erzeugt meist zu viel Temperatur.

Hefe

Ich verwende in meinen Rezepten immer frische Hefe. Man kann sie aber grundsätzlich auch durch getrocknete ersetzen. Es braucht dann von der Menge her ⅓ des Gewichts von frischer Hefe. Bei sehr geringen Mengen frischer Hefe, also zum Beispiel 1 Gramm, würde ich empfehlen, auf die Hälfte des Gewichtes hochzugehen, also 0,5 Gramm Trockenhefe.

Hefe ist übrigens noch aktiv bei Temperaturen bis zu 5 °C. Erst ab 4 °C und weniger stellt die Hefe ihre Aktivität ein. Daher gehen Teige auch im Kühlschrank, nur eben deutlich langsamer.

Der häufigste Fehler im Umgang mit Hefe ist, dass die verwendete Flüssigkeit zu warm ist. Mein Tipp also: Nehmt lieber nur Flüssigkeit, die maximal handwarm ist. Auch mit kalter Flüssigkeit wird dein Teig garantiert gehen, es dauert eben nur etwas länger.

Das Anfüttern von Hefe mit Zucker und Mehl in einem Vorteig ist übrigens nicht notwendig. Die Hefe nimmt sich ihre Nahrung ganz von allein. Die Stärke im Mehl wird durch Enzyme zu Zucker abgebaut, den die Hefe verstoffwechseln kann.

Richtig kneten

Teige sollten gut ausgeknetet sein. Das gilt zumindest für Teige mit Mehl aus glutenhaltigem Getreide wie Weizen und Dinkel. Fertig ist ein Teig, wenn er schön glatt und geschmeidig ist und sich leicht vom Rand der Schüssel löst. Kann man den Teig zwischen den Fingern so dünn ausziehen, dass man durchschauen kann, hat sich das Klebergerüst auf jeden Fall ausgebildet. Man nennt das die Fensterprobe.

Es gibt einige Knettechniken, die besonders im Umgang mit weichen Teigen, etwa für Baguettes, Ciabatta etc., sehr nützlich sein können.

1. *Stretch and fold* (dehnen und falten)
   Der Teig wird in eine gefettete Schüssel oder Wanne gelegt. Dann greift man den Teig mit beiden Händen (vorher mit Wasser etwas anfeuchten) an einem Ende, zieht ihn hoch, dehnt ihn und faltet ihn dann wieder zur Mitte hin ein. Nun dreht man den Teig um 180 ° und wiederholt den Vorgang. Das Gleiche macht man an allen vier Seiten. Dadurch bekommt der Teig mehr Spannung und Stabilität.

2. *Slap and fold* (schlagen und falten)
   Diese Technik eignet sich besonders gut, um sehr weiche Teige zu bändigen. Dafür liegt der Teig auf einer Arbeitsfläche. Dann greift man mit beiden Händen darunter, hebt ihn hoch, schlägt ihn auf die Arbeitsfläche und faltet das Ende, das man noch in den Händen hält, darüber.

Diese Techniken kannst du in einem Video (Knettechniken für Brote) auf meinem YouTube-Kanal noch mal genauer anschauen.

Gare

Als Gare bezeichnet man den Reifezustand des Teiges, bevor er gebacken wir. Diesen richtig zu erkennen, erfordert etwas Übung und Praxis. Da man sich nicht stur an die Zeitangaben halten kann, ist es gut zu lernen, wann der Teig so weit ist, um gebacken zu werden.

Dafür tastet man den Teig mit den Fingern ab. Ist er noch sehr fest und kommt auf Druck sofort zurück, muss er noch länger gehen. Kann man Löcher hineindrücken, die sich langsam wieder schließen, ist er bereit für den Ofen. Wenn die Löcher bleiben oder der Teig auf Druck sogar zusammensackt, dann hat er Übergare. Den Teig kann man zwar noch backen, wahrscheinlich wird das Ergebnis allerdings eher ein flaches Backwerk werden.

Backen, aber wie?

Ich backe fast immer bei Ober-/Unterhitze, und der Ofen muss vorgeheizt sein. Denkt also daran, den Ofen rechtzeitig einzuschalten.

Vergesst auch nicht, dass jeder Ofen anders ist. Kontrolliere immer, was dein Brot macht. Wird es zu dunkel, dann reduziere einfach die Temperatur und backe es fertig. Die Backzeit solltest du aber nicht wesentlich verkürzen. Fertig gebacken sind Brote und Brötchen, wenn sie sich beim Klopfen auf den Boden hohl anhören. Alternativ kann man ein Einstechthermometer verwenden. Misst es im Inneren 93 bis 95 °C, dann ist das Brot auf jeden Fall durchgebacken.

Jedes Brot, das ich in einem Topf gebacken habe, kann man auch auf einem Blech backen und umgekehrt (siehe Bierbrot, Punkt 5, Seite 26).

Es gibt mehrere Möglichkeiten, Brote und Co. zu Hause zu backen:

1. Auf einem Backblech
   Man kann das Brot direkt nach dem Gehen auf ein mit Backpapier belegtes Blech legen und in den Ofen schieben. Besser ist aber, das Blech mit vorzuheizen und das Brot auf das heiße Blech zu schieben. Das geht am einfachsten und sichersten, wenn man es auf ein Backpapier gibt und dann mit einem Schieber oder einem Holzbrett samt Papier auf das Blech gleiten lässt. Nach 10–20 Minuten kann man das Papier dann entfernen.

2. Auf einem Pizzastein oder -stahl
   Das hat den Vorteil, dass die Teiglinge mehr Hitze von unten bekommen und so eine bessere Kruste entwickeln. Außerdem bekommen sie einen besseren Ofentrieb, gehen also etwas schöner auf.
   Bei Variante 1 und 2 sollte man anfangs immer unter Zugabe von Schwaden, also Dampf backen. Der Dampf sorgt dafür, dass der Teig länger elastisch bleibt und so besser aufgehen kann. Er hilft auch bei der Hitzeübertragung. Eine Schale mit heißem Wasser auf den Boden zu stellen, erzeugt nicht genug Dampf. Besser ist es, eine alte Pfanne oder ein kleines Blech auf den Boden zu stellen, mit vorzuheizen und beim Einschieben des Brotes 50 bis 100 Milliliter heißes Wasser auf das Blech bzw. in die Pfanne zu gießen. Dann den Ofen sofort wieder schließen.

3. Nach 10–20 Minuten Backzeit lässt man den Dampf ab. Sollte noch Wasser in dem Blech sein, entfernt man es.

4. Im gusseisernen Topf
   Das ist speziell für Brote die absolut beste Variante. Da der Topf dicke Wände hat, speichert er die Hitze besonders gut. Gibt man das Brot hinein und schließt den Deckel, hat man ein ähnliches Ambiente wie in einem professionellen Bäckerofen. Extra Dampf braucht man jetzt nicht mehr. Der entsteht nämlich im Topf von dem Brot selbst. Nach meist 30 Minuten nehme ich den Deckel ab, reduziere die Temperatur und backe das Brot je nach Zeitangabe fertig. Hast du das Brot mithilfe von Backpapier in den Topf transportiert, entferne dieses, wenn du den Deckel abnimmst.

Vor dem Anschneiden sollte ein Brot am besten immer komplett ausgekühlt sein. Mindestens aber sollte es 1 Stunde abkühlen, sonst trocknen Brote schnell aus.

Keine Angst vor Sauerteig

Hat man einmal verstanden, wie Sauerteig funktioniert, dann wird man immer wieder darauf zurückgreifen. Ich werde das Thema hier nicht zu ausführlich behandeln, weil es den Rahmen des Buches sprengen würde. Im Prinzip ist es aber ganz einfach. Mehr Informationen zum Thema gibt es auf meiner Website www.thomas-kocht.de.

Brote mit Sauerteig haben den Vorteil, dass sie neben einem guten Geschmack noch länger frisch bleiben und bekömmlicher sind.

Um Sauerteig selbst herzustellen, braucht man nichts weiter als Mehl, Wasser und etwa eine Woche Zeit. Im Sommer geht das besonders schnell, denn Sauerteig mag die Wärme.

Welches Mehl verwenden?

Ich erkläre dir das Ganze am Beispiel von Roggensauerteig. Mit Weizen- und Dinkelmehl funktioniert es aber ganz genauso. Mit einem Roggensauerteig kann man ohne Probleme auch ein Weizenbrot und Dinkelbrot backen. Gleiches gilt für Weizensauerteig usw.

Mit Roggenmehl hat man am schnellsten Erfolg. Das Mehl eignet sich hervorragend zur Herstellung von Sauerteig. Grundsätzlich kannst du jeden Type verwenden, am schnellsten geht es jedoch mit Roggenvollkornmehl.

In den Rezepten ist die Rede von Anstellgut. Anstellgut ist nichts anderes als ein reifer Sauerteig, dem wir ein kleines Stück entnehmen (unser Anstellgut), um den nächsten Sauerteig zu starten. Anstellgut + Mehl + Wasser = Sauerteig .

Sauerteig ansetzen

1. Tag

50 g warmes Wasser (35–40 °C) mit 50 g Roggenvollkornmehl zu einem weichen Teig vermischen und in einem Schraubglas an einem warmen Ort (25–30 °C sind ideal) 24 Stunden stehen lassen.

2. Tag
50 g von dem Teig des Vortages abnehmen und mit 50 g warmem Wasser (35–40 °C) und 50 g Roggenvollkornmehl vermischen und wieder im Schraubglas 24 Stunden an einem warmen Ort stehen lassen.

Den übrig gebliebenen Teig kannst du in einem Brotteig mit verbacken oder musst ihn leider entsorgen.

3.–6. Tag
Die nächsten Tage verfährst du genauso wie an Tag 2. In der Regel zeigt dein Teig jetzt schon Bläschen. Vielleicht passiert das sogar schon an Tag 2. Bei Weizenmehl geht es meist etwas langsamer.

Es kann auch passieren, dass der Teig nach mehreren Tagen plötzlich keine Aktivität mehr zeigt. Keine Angst, das ist ganz normal. Einfach immer nach dem gleichen Schema weiterverfahren. Sollte der Teig mal alkoholisch oder nach Nagellackentferner riechen, so ist auch das kein Grund zur Sorge und völlig normal.

Nach einer Woche sollte der Teig schon viel Aktivität zeigen und ordentlich blubbern. Jetzt ist er bereit, um damit zu backen. Bei jungem Sauerteig würde ich empfehlen, bei den Rezepten anfangs immer noch 1 bis 2 g Hefe zuzugeben, da die Triebkraft noch nicht so stark ist. Sauerteig wird mit der Zeit triebstärker und auch stabiler.

Sauerteig lagern und füttern

Wenn du den Sauerteig nach Tag 7 nicht gleich verwendest, kannst du ihn im Kühlschrank lagern. Alle 7 bis 14 Tage muss der Teig aber gefüttert werden. Auffrischen sagt man auch dazu. Dazu holst du den Teig aus dem Kühlschrank, entnimmst dem Glas 50 g Anstellgut und mischst es wieder mit der gleichen Menge an warmem Wasser und Roggenmehl. Ich verwende dafür meist Type 1150, aber jede Typenart geht. Dann wird der Teig wieder ins Warme gestellt, bis sich sein Volumen verdoppelt hat. Danach kannst du ihn wieder in den Kühlschrank geben oder eben zum Backen verwenden. Übrig gebliebenes Anstellgut kann man zum Beispiel trocknen oder esslöffelweise zu anderen Brotrezepten hinzufügen. Andernfalls muss es notfalls entsorgt werden.

Wenn das Anstellgut längere Zeit im Kühlschrank stand, solltest du es 1 bis 2 Tage vor dem Backen herausnehmen und ein- bis zweimal auffrischen. So ist garantiert, dass das Anstellgut schön aktiv ist.

Schau auch mal ins Glossar ab Seite 171 – dort findest du noch viele weitere spannende Infos rund ums Brotbacken.

> Man kann den Sauerteig auch in geringeren Mengen füttern, je nach Bedarf. Also zum Beispiel 25 g Anstellgut + 25 g Mehl + 25 g Wasser. So entsteht weniger überschüssiger Sauerteig.

Brote mit Hefe
Dunkle Brote

BIERBROT

Das Bierbrot ist ein sehr aromatisches Brot mit einer ausgezeichneten Kruste. Es passt hervorragend zu einer deftigen Brotzeit. Durch den Biergeschmack und die Gewürze bekommt es eine ganz eigene Note.

Autolyse: 30 Min. | Stockgare: 45 Min. | Stückgare: 45–60 Min. | Backzeit: 50 Min.

ZUTATEN FÜR 1 BROT:

400 g Weizenmehl Type 550
50 g Weizenvollkornmehl
50 g Roggenmehl Type 1150
1 Flasche Bier (330 ml Zimmertemperatur, z. B. Dunkles, Helles oder Weizen)
Brotgewürz: 1 TL Kümmel
1 TL Koriandersamen
1 TL Fenchelsamen
10 g Salz
10 g frische Hefe

Autolyseteig:

1. Alle Mehlsorten in der Knetschüssel einer Küchenmaschine vermischen. Das Bier bis auf etwa 20 ml dazugeben und so lange rühren, bis alles Mehl gebunden ist.
2. Den Teig abgedeckt 30 Minuten bei Zimmertemperatur stehen lassen.

Hauptteig:

1. Die Gewürze im Mörser zerstoßen. Mit dem Salz zum Autolyseteig geben. Die Hefe ebenfalls dazu bröseln. Das restliche Bier angießen. In der Maschine 2–3 Minuten auf Stufe 1 und weitere 7 Minuten auf Stufe 2 kneten. Teig zu einer Kugel formen und abgedeckt 45 Minuten gehen lassen.
2. Teig auf eine bemehlte Arbeitsfläche geben und zu einem länglichen Brotlaib formen. Einen Brotkorb mit einem Leinen- oder Baumwolltuch auslegen und mit Mehl bestäuben. Das Brot in den Korb legen, abdecken und 45 Minuten bis 1 Stunde gehen lassen.
3. Einen gusseisernen Bräter in den Ofen stellen und den Ofen auf 250 °C Ober-/Unterhitze vorheizen.

▶

4. Das Brot vorsichtig in den Topf geben, an der Oberseite mit einem scharfen Messer einschneiden und mit Deckel 30 Minuten backen. Danach den Deckel abnehmen und Brot weitere 20 Minuten bei 200–210 °C backen, je nach gewünschtem Bräunungsgrad.

5. Alternativ kann man das Brot auch auf einem Blech oder Pizzastein zubereiten. Dafür das Brot mit Zugabe von Schwaden auf mittlerer Schiene in den Ofen schieben und 20 Minuten bei 250 °C backen. Nach 20 Minuten die Tür öffnen und den Dampf ablassen. Die Temperatur auf 210–200 °C herunterdrehen und das Brot weitere 30 Minuten backen.

BROT OHNE KNETEN

Dies ist mit zwei Millionen Aufrufen das mit Abstand beliebteste Brot auf meinem YouTube-Kanal. Es erfordert wenig Arbeit und hat eine tolle Kruste und saftige Krume. Und das Ganze ohne zu kneten.

Stockgare: 3 Std. | Stückgare: 45 Min.–1 Std. | Backzeit: 50 Min.

ZUTATEN FÜR 1 BROT:

350 g lauwarmes Wasser (maximal 30 °C)
8 g frische Hefe
100 g Vollkornweizenmehl
400 g Weizenmehl Type 550
10 g Salz

1. Wasser in eine Schüssel geben und die Hefe mithilfe eines Schneebesens darin auflösen. Die beiden Mehlsorten mit dem Salz in einer separaten Schüssel mit der Hand kurz vermischen und dann zu der Flüssigkeit geben. Mit einem Holzlöffel oder von Hand so lange vermischen, bis das Mehl gebunden ist und keine Mehlklumpen mehr da sind.

2. Die Schüssel mit einer Folie oder einem Deckel luftdicht abdecken und bei Zimmertemperatur 3 Stunden gehen lassen. Nach 2 Stunden einmal ein »stretch and fold« (siehe Seite 16) machen.

3. Teig auf eine leicht mehlierte Arbeitsfläche geben und rundwirken. Einen Gärkorb mit einem Leinen- oder Baumwolltuch auslegen, mit Mehl bestäuben und das Brot mit dem Schluss nach oben in den Korb legen. Mit dem Tuch zudecken und weitere 45 Minuten bis 1 Stunde bei Zimmertemperatur gehen lassen.

4. Einen gusseisernen Bräter inklusive Deckel in den Backofen stellen und den Ofen auf 250 °C Ober-/Unterhitze vorheizen.

5. Das Brot vorsichtig auf ein Backpapier stürzen. Die Oberseite mit einer Rasierklinge oder einem scharfen Messer einschneiden. Das Brot mit dem Papier in den Bräter legen und mit Deckel 30 Minuten im Ofen backen.

▶

6. Anschließend den Deckel abnehmen, das Backpapier entfernen und Brot bei 220 °C weitere 20 Minuten backen.

7. Alternativ kann man das Brot auch auf einem Blech oder Pizzastein zubereiten. Dafür das Brot mit Zugabe von Schwaden auf mittlerer Schiene in den Ofen schieben und 20 Minuten bei 250 °C backen. Nach 20 Minuten die Tür öffnen und den Dampf ablassen. Die Temperatur auf 210–200 °C herunterdrehen und das Brot weitere 30 Minuten backen.

DINKELBROT MIT BUTTERMILCH

Ein schönes würziges Brot mit einer tollen Kruste und weichen Krume. Der Teig geht über Nacht im Kühlschrank und hat so genug Zeit zu reifen und Geschmack zu entwickeln. Das Rezept gehört zu den beliebtesten auf meinem YouTube-Kanal.

Stockgare: 1 Std. | Stückgare: 8–10 Std. im Kühlschrank | Backzeit: 50 Min.

ZUTATEN FÜR 1 BROT:

250 g Dinkelmehl Type 630
250 g Dinkelvollkornmehl
10 g Salz
Brotgewürz: ½ TL Koriandersamen, ½ TL Fenchelsamen, ½ TL Kümmel
150 g Wasser (25 °C)
200 g Buttermilch (aus dem Kühlschrank)
5 g frische Hefe

1. Die beiden Mehle mit dem Salz in einer Schüssel vermischen. Die Gewürze im Mörser mahlen und zum Mehl geben.
2. Wasser und Buttermilch in die Knetschüssel einer Küchenmaschine gießen und die Hefe mithilfe eines Schneebesens darin auflösen. Die trockenen Zutaten zu den flüssigen geben und 5–7 Minuten auf Stufe 1 kneten.
3. Den Teig zu einer Kugel formen und abgedeckt bei Zimmertemperatur 1 Stunde gehen lassen.
4. Teig auf die bemehlte Arbeitsfläche geben und zu einem runden Brotlaib formen. Einen Gärkorb mit einem Leinen- oder Baumwolltuch auslegen, bemehlen und den Brotlaib mit der glatten Seite nach unten in den Korb legen. Mit dem Tuch und einer Folie abdecken. Im Kühlschrank bei 5–6 °C für 8–10 Stunden gehen lassen.
5. Am nächsten Morgen das Brot aus dem Kühlschrank nehmen.
6. Einen gusseisernen Topf in den Backofen stellen und den Ofen auf 250 °C Ober-/Unterhitze vorheizen.
7. Das Brot vorsichtig in den heißen Topf setzen, mit einem scharfen Messer einschneiden und mit Deckel 30 Minuten backen.

▶

8. Dann den Deckel herunternehmen, die Temperatur auf 220–200 °C herunterdrehen und Brot weitere 20 Minuten backen.

9. Alternativ kann man das Brot auch auf einem Blech oder Pizzastein zubereiten. Dafür das Brot mit Zugabe von Schwaden auf mittlerer Schiene in den Ofen schieben und 20 Minuten bei 250 °C backen. Nach 20 Minuten die Tür öffnen und den Dampf ablassen. Die Temperatur auf 210–200 °C herunterdrehen und das Brot weitere 30 Minuten backen.

WURZELBROT MIT SPECK UND RÖSTZWIEBELN

Dieses Wurzel- oder auch Zwirbelbrot ist ein wunderbar deftiges und uriges Brot voller Geschmack. Es macht Spaß, es zu backen, und natürlich auch, es zu essen.

Stockgare: 1 Std. bei Zimmertemperatur + 10–12 Std. im Kühlschrank | Stückgare: 1–1 ½ Std. | Backzeit: 35 Min.

ZUTATEN FÜR 2 BROTE:

200 g Bauchspeck
eventuell etwas Pflanzenöl zum Braten und für die Schüssel
380 g Wasser (Zimmertemperatur)
3 g frische Hefe
500 g Weizenmehl Type 550
50 g Roggenmehl Type 997
50 g Weizenvollkornmehl
10 g Salz
30 g Röstzwiebeln
Öl für die Schüssel

1. Den Speck in feine Würfel schneiden und in einer heißen Pfanne auslassen. Bei Bedarf noch etwas Pflanzenöl dazugeben. Die fertigen Speckwürfel in einem Sieb abtropfen und komplett auskühlen lassen.

2. Wasser in die Knetschüssel einer Küchenmaschine gießen und die Hefe darin mithilfe eines Schneebesens auflösen. Die Mehle in einer separaten Schüssel mit dem Salz vermischen und ebenfalls in die Knetschüssel geben. 3–4 Minuten auf Stufe 1 mischen, dann 5 Minuten auf Stufe 2 kneten. Den abgekühlten Speck und die Röstzwiebel dazugeben und weitere 1–2 Minuten untermischen.

3. Den Teig in eine leicht geölte Schüssel legen und abgedeckt bei Zimmertemperatur 1 Stunde gehen lassen. Anschließend den Teig über Nacht bei 5–6 °C für 10–12 Stunden in den Kühlschrank stellen.

4. Am nächsten Tag den Teig aus dem Kühlschrank nehmen und vorsichtig auf eine gut bemehlte Arbeitsfläche legen.

▶

5. Mit den Händen den Teig locker in eine rechteckige Form ausziehen, ohne die Luft dabei aus dem Teig zu drücken. Die Oberfläche großzügig bemehlen und mit einer Teigkarte das Rechteck längs in 2 Portionen teilen. Die Schnittflächen auch bemehlen.

6. Ein Leinen- bzw. Baumwolltuch großzügig mit Mehl bestäuben. Die Teiglinge jeweils mit einer Hand an jedem Ende in entgegengesetzte Richtung verdrehen und auf das Tuch geben. Zwischen den Broten das Tuch hochziehen.

7. Die Brote erst mit dem Tuch und dann mit Folie abdecken und 1–1 ½ Stunden bei Zimmertemperatur gehen lassen.

8. Den Backofen auf 240 °C Ober-/Unterhitze vorheizen.

9. Die Brote auf ein mit Backpapier belegtes Blech geben und auf mittlerer Schiene unter Zugabe von Schwaden 20 Minuten backen. Danach die Ofentür öffnen und Dampf ablassen. Die Temperatur auf 210 °C herunterdrehen und weitere 10–15 Minuten backen.

KARTOFFELBROT

Kartoffelbrot ist ideal, um vom Vortag übrig gebliebene Kartoffeln aufzubrauchen. Durch die Kartoffeln wird die Krume schön saftig und bleibt auch etwas länger frisch.

Stockgare: 45 Min. | Stückgare: 1 Std. | Backzeit: 40–45 Min.

ZUTATEN FÜR 1 BROT:

200 g gekochte Kartoffeln, am besten Pellkartoffeln (geschält und gerieben)
120 g Buttermilch (aus dem Kühlschrank)
120 g Wasser (25 °C)
10 g frische Hefe
350 g Dinkelmehl Type 630
50 g Dinkelvollkornmehl
10 g Salz

1. Die Kartoffeln auf der groben Seite einer Vierkantreibe reiben. Alternativ eine Kartoffelpresse benutzen oder die Kartoffeln mit einer Gabel zerdrücken.

2. Buttermilch und Wasser in die Knetschüssel einer Küchenmaschine geben und die Hefe mithilfe eines Schneebesens darin auflösen. Die beiden Mehle in einer separaten Schüssel mit dem Salz vermischen und in die Knetschüssel geben.

3. Die Kartoffeln ebenfalls zufügen und alles auf Stufe 1 3–4 Minuten vermischen, dann 5 Minuten auf Stufe 2 kneten, bis ein geschmeidiger Teig entstanden ist. Den Teig abdecken und 45 Minuten bei Zimmertemperatur gehen lassen.

4. Teig auf eine bemehlte Arbeitsfläche geben und rundwirken. Mit dem Schluss nach unten in einen mit einem Tuch ausgelegten und mehlierten Gärkorb legen und abgedeckt 1 Stunde gehen lassen.

5. Einen gusseisernen Topf in den Backofen stellen und ihn auf 250 °C Ober-/Unterhitze vorheizen. Das Brot auf ein Backpapier stürzen, leicht mit Mehl bestäuben und in den heißen Topf legen. Mit Deckel auf mittlerer Schiene 20 Minuten backen.

6. Nach 20 Minuten den Deckel und das Backpapier entfernen. Die Hitze auf 220–200 °C herunterdrehen (je nach Farbe) und Brot weitere 25 Minuten backen.

FRANZÖSISCHES LANDBROT

Es gibt viele Formen und Rezepte des *Pain de Campagne*. Wir nutzen hier einen sogenannten *Pâte fermentée*, was nichts anderes ist als ein gereifter Brotteig vom Vortag. Wenn man wie in Bäckereien täglich backt, dann nimmt man sich von dem Brotteig einfach ein Stück weg und hebt es für den nächsten Tag im Kühlschrank auf. Das sorgt für mehr Geschmack, Frische und eine saftige Krume.

Vorteig (*Pâte fermentée*): 14 Std. | Stockgare: 45 Min. | Zwischengare: 10 Min. | Stückgare: 1 Std. | Backzeit: 45 Min.

ZUTATEN FÜR 1 BROT:

VORTEIG (*PÂTE FERMENTÉE*):

75 g Wasser (30 °C)
2 g frische Hefe
120 g Weizenmehl Type 550
2 g Salz

HAUPTTEIG:

225 g Wasser (Zimmertemperatur)
3 g frische Hefe
280 g Weizenmehl Type 550
100 g Roggenmehl Type 997
8 g Salz

Vorteig:

1. Wasser in eine Schüssel gießen und die Hefe mithilfe eines Schneebesens darin auflösen, Mehl und Salz dazugeben und alles mit einem Holzlöffel zu einem geschmeidigen Teig verarbeiten.
2. 2 Stunden abgedeckt bei Zimmertemperatur gehen lassen. Danach 12 Stunden im Kühlschrank reifen lassen.

Hauptteig:

1. Wasser in die Knetschüssel einer Küchenmaschine geben und die Hefe darin mithilfe eines Schneebesens auflösen.
2. Den Vorteig und die restlichen Zutaten dazugeben und 3 Minuten auf Stufe 1 vermischen, dann 7 Minuten auf Stufe 2 kneten, bis ein geschmeidiger Teig entstanden ist.
3. Den Teig abgedeckt 45 Minuten gehen lassen.
4. Teig auf eine leicht bemehlte Arbeitsfläche geben und zu einer straffen Kugel formen.
5. Abgedeckt weitere 10 Minuten entspannen lassen.

6. Die Teigkugel leicht mit Mehl bestäuben und mit der mehlierten Seite nach unten auf die Arbeitsfläche legen.

7. Den Teig in eine längliche Form aufrollen, mit dem Schluss nach oben auf ein mit Mehl bestäubtes Tuch oder in einen Gärkorb legen.

8. Abgedeckt ungefähr 1 Stunde bei Zimmertemperatur gehen lassen.

9. Den Backofen auf 250 °C Ober-/Unterhitze vorheizen. Das Brot auf ein Blech mit Backpapier stürzen, der Länge nach einschneiden und im Ofen mit Schwaden 20 Minuten backen.

10. Danach die Tür öffnen und den Dampf ablassen. Die Temperatur je nach Farbe auf 220–200 °C herunterdrehen und Brot weitere 25 Minuten backen.

VOLLKORNBROT MIT SAATEN

Dieses Brot erfordert nicht wirklich viel Arbeit, schmeckt sehr lecker und saftig und ist natürlich auch gesund. Durch das Vollkornmehl und die Körner hält es auch schön lange satt. Das Brot ist so konzipiert, dass man Quell- und Brühstück und den Hauptteig gleichzeitig ansetzt.

Quell- und Brühstück: 3 Std. | Stockgare: 3 Std. | Stückgare: 45 Min. | Backzeit: 40–45 Min.

ZUTATEN FÜR 1 KASTENFORM (30 × 10 × 8 CM):

QUELL- UND BRÜHSTÜCK:

50 g Sonnenblumenkerne
50 g Kürbiskerne
kochendes Wasser
30 g geschrotete Leinsamen
60 g kaltes Wasser

HAUPTTEIG:

330 g Wasser (Zimmertemperatur)
5 g frische Hefe
500 g Vollkornweizenmehl
10 g Salz
etwas Butter oder Trennspray für die Form

Quell- und Brühstück:

1. Sonnenblumen- und Kürbiskerne in eine Schüssel geben und mit so viel kochendem Wasser übergießen, dass sie gut damit bedeckt sind.
2. Die Leinsamen in eine separate Schüssel füllen und mit dem kalten Wasser übergießen.
3. Die Saaten 3 Stunden einweichen lassen.

Hauptteig:

1. Wasser in die Knetschüssel einer Küchenmaschine gießen und die Hefe darin mithilfe eines Schneebesens auflösen. Mehl und Salz dazugeben und Teig 5 Minuten auf Stufe 1 kneten, dann abdecken und 3 Stunden bei Zimmertemperatur gehen lassen.
2. Sonnenblumen- und Kürbiskerne in ein Sieb abgießen und gut abtropfen lassen. Die Leinsamen müssen nicht abtropfen.
3. Die Saaten zu dem Teig geben und nochmals 1–2 Minuten auf langsamer Stufe kneten, bis die Körner gut verteilt sind.

4. Den Teig zu einer Rolle formen, leicht bemehlen und in eine gefettete Kastenform legen. Mit einer Folie abdecken und weitere 45 Minuten gehen lassen.

5. In der Zwischenzeit den Backofen auf 250 °C Ober-/Unterhitze vorheizen.

6. Das Brot auf mittlerer Schiene in den Ofen schieben und Schwaden geben. Nach 10 Minuten die Tür öffnen und den Dampf ablassen. Brot weitere 10 Minuten backen. Dann die Temperatur auf 180 °C herunterdrehen und Brot weitere 20–25 Minuten backen.

7. Die letzten 10 Minuten kann man das Brot aus der Form nehmen und ohne Form weiterbacken. So wird die Kruste besser.

WALNUSSBROT

Ein schönes, aber einfaches rustikales Brot. Es schmeckt ganz ausgezeichnet mit Käse. Wer Walnüsse mag, der wird auch dieses Brot mögen.

Brühstück: 2 Std. | Stockgare: 1 Std. | Stückgare: 10–12 Std. | Backzeit: 40–45 Min.

ZUTATEN FÜR 1 BROT:

80 g Walnüsse
310 g Wasser (Zimmertemperatur)
3 g frische Hefe
450 g Weizenmehl Type 1050
50 g Roggenmehl Type 997
10 g Salz

1. Die Walnüsse in eine Schüssel geben und mit so viel kochendem Wasser übergießen, bis sie gut damit bedeckt sind. Mindestens 2 Stunden einweichen lassen.
2. Alternativ kann man sie auch über Nacht mit kaltem Wasser im Kühlschrank einweichen.
3. Das Wasser in die Knetschüssel einer Küchenmaschine gießen und die Hefe darin mithilfe eines Schneebesens auflösen.
4. Tipp: Man kann das Einweichwasser der Walnüsse zum Teil oder auch komplett als Flüssigkeit nehmen, es sollte dann allerdings vollständig abgekühlt sein.
5. Beide Mehle und das Salz zugeben und 3 Minuten auf Stufe 1 vermischen, dann 6 Minuten auf Stufe 2 kneten.
6. Zum Schluss die abgetropften Walnüsse grob klein hacken und zum Teig geben. Weitere 1–2 Minuten langsam kneten, bis die Nüsse untergemischt sind. Den Teig abgedeckt 1 Stunde gehen lassen.
7. Teig auf eine bemehlte Arbeitsfläche geben und zu einem länglichen Brotlaib formen. Einen Gärkorb mit einem Leinen- oder Baumwolltuch auslegen und mit Mehl bestäuben.

▶

8. Das Brot mit dem Schluss nach oben in den Korb legen. Mit dem Tuch und einer Folie abdecken und im Kühlschrank bei 5–6 °C für 10–12 Stunden gehen lassen.
9. Backofen auf 240 °C Ober-/Unterhitze vorheizen.
10. Das Brot vorsichtig auf ein Backpapier stürzen. Mit einem Sieb etwas Mehl darüberstreuen und mit einem scharfen Messer einschneiden.
11. Brot mit dem Papier auf ein Blech legen oder noch besser auf einen Pizzastein schieben und auf mittlerer Schiene 20 Minuten unter Zugabe von Schwaden im Ofen backen.
12. Nach 20 Minuten die Tür öffnen, den Dampf ablassen und das Papier entfernen. Die Temperatur auf 210–200 °C herunterdrehen und das Brot weitere 20–25 Minuten backen.

WEIZENVOLLKORNBROT

Das Rezept basiert auf einem meiner älteren YouTube-Videos. Ich habe es hier nun etwas angepasst.

Autolyse: 30–60 Min. | Stockgare: 1 Std. | Stückgare: 8–10 Std. | Zwischengare: 15 Min. | Backzeit: 45 Min.

ZUTATEN FÜR 1 BROT:

AUTOLYSETEIG:
450 g Weizenvollkornmehl
50 g Weizenmehl Type 550
380 g kaltes Wasser

HAUPTTEIG:
4 g frische Hefe
20 g Wasser (Zimmertemperatur)
10 g Salz
Öl für die Schüssel

Autolyseteig:

1. Das Mehl in der Knetschüssel einer Küchenmaschine vermischen. Wasser dazugeben und nur so lange vermischen, bis das Mehl komplett gebunden ist.
2. Teig abgedeckt 30 Minuten bis 1 Stunde stehen lassen.

Hauptteig:

1. Die Hefe in einer Schüssel in dem Wasser mithilfe eines Schneebesens auflösen und zu dem Autolyseteig geben. Salz ebenfalls dazugeben und Teig 7–10 Minuten auf Stufe 1 kneten.
2. Den Teig zu einer Kugel formen und in einer leicht geölten Schüssel abgedeckt 1 Stunde gehen lassen.
3. Teig auf eine leicht bemehlte Arbeitsfläche geben und zu einer straffen Kugel formen. Abdecken und 15 Minuten entspannen lassen.
4. Anschließend den Teig zu einem länglichen Laib formen. Mit dem Schluss nach oben in einen mit einem mehlierten Leinen- oder Baumwolltuch ausgelegten Gärkorb legen. Das Brot mit dem Tuch zudecken und zusätzlich mit einer Folie abdecken.

5. Über Nacht im Kühlschrank bei 5–6 °C für 8–10 Stunden gehen lassen.

6. Am nächsten Tag den Backofen mit einem Pizzastein oder Backblech auf 250 °C Ober-/Unterhitze vorheizen.

7. Das Brot aus dem Kühlschrank nehmen und vorsichtig auf ein Backpapier stürzen. Sollte es noch nicht ausreichend aufgegangen sein, dann einfach noch bei Zimmertemperatur stehen lassen.

8. Überschüssiges Mehl mit einem Pinsel entfernen und das Brot mit einem scharfen Messer einschneiden. Mit einer Sprühflasche mit Wasser das Brot etwas einsprühen und mit dem Papier auf das vorgeheizte Blech ziehen oder auf einen Pizzastein setzen und unter Zugabe von Schwaden auf mittlerer Schiene 20 Minuten backen.

9. Nach 20 Minuten die Tür öffnen, den Dampf ablassen und das Papier entfernen. Die Temperatur je nach Farbe auf 210–200 °C herunterdrehen und Brot weitere 25 Minuten backen.

10. Das Brot aus dem Ofen nehmen und sofort mit einem Pinsel und etwas Wasser einpinseln. So bekommt es einen schönen Glanz und bleibt auch länger frisch.

DINKEL-KAROTTEN-BROT MIT MAIS

Ein ähnliches Brot habe ich mal in Costa Rica gegessen. Es war super saftig und hat großartig geschmeckt. Das hier ist meine Version davon.

Quellstück: 2 Std. | Stockgare: 30 Min. | Stückgare: ca. 1 Std. | Backzeit: 45 Min.

ZUTATEN FÜR 1 KASTENFORM (30 × 10 × 8 CM):

40 g geschrotete Leinsamen
40 g kaltes Wasser
40 g Sonnenblumenkerne
kochendes Wasser
240 g Wasser (Zimmertemperatur)
8 g frische Hefe
200 g Dinkelvollkornmehl
200 g Dinkelmehl Type 630
10 g Salz
10 g Olivenöl
70 g fein geriebene Karotten
100 g Mais aus der Dose (Abtropfgewicht)
etwas Butter oder Trennspray für die Form

Quellstück:

Leinsamen in eine Schüssel geben und mit dem kalten Wasser übergießen. Die Sonnenblumenkerne in einer zweiten Schüssel mit so viel kochendem Wasser übergießen, dass sie gut damit bedeckt sind. Beides 2 Stunden einweichen.

Hauptteig:

1. Das Wasser in die Knetschüssel einer Küchenmaschine geben und die Hefe darin mithilfe eines Schneebesens auflösen. Mehl, Salz, Olivenöl und die geriebene Karotte ebenfalls dazugeben. 5 Minuten auf Stufe 1 kneten.
2. Die Sonnenblumenkerne in einem Sieb gut abtropfen lassen und mit dem Mais und den Leinsamen (müssen nicht abtropfen) zum Teig geben. Weitere 2 Minuten auf Stufe 1 kneten.
3. Den Teig abgedeckt 30 Minuten ruhen lassen.
4. Eine Kastenform mit Butter oder Trennspray ausfetten. Den Teig darin verteilen und glatt streichen.
5. Abgedeckt etwa 1 Stunde an einem warmen Ort gehen lassen.

6. Den Backofen auf 240 °C Ober-/Unterhitze vorheizen.

7. Das Brot im Ofen auf mittlerer Schiene 20 Minuten unter Zugabe von Schwaden backen. Nach 20 Minuten die Ofentür öffnen und den Dampf ablassen. Die Temperatur auf 200 °C herunterdrehen und Brot weitere 25 Minuten backen.

Thomas KOCHT

Die letzten 10 Minuten der Backzeit kann man das Brot vorsichtig aus der Kastenform nehmen und ohne die Form backen. So bekommt es eine schönere Kruste.

WUNDERBROT (OHNE HEFE UND GLUTENFREI)

Warum heißt es Wunderbrot? Ganz einfach, weil es komplett ohne Mehl und auch Backtriebmittel auskommt und dabei wirklich gut schmeckt. Zusätzlich ist es reich an Ballaststoffen, die in der heutigen Ernährung oft Mangelware sind. Durch die vielen Proteine und guten Fette hält es wirklich lange satt.

Quellzeit: 2 Std. | Backzeit: 75–80 Min.

ZUTATEN FÜR 1 KASTENFORM (30 × 10 × 8 CM):

200 g Vollkornhaferflocken
100 g Kürbiskerne
150 g Sonnenblumenkerne
40 g geschrotete Leinsamen
40 g ganze Leinsamen
30 g Chiasamen
30 g Flohsamen
10 g Salz
500 g kochendes Wasser
Öl für die Form

1. Alle Zutaten außer dem Wasser in eine Schüssel geben, kurz vermischen und dann mit dem kochenden Wasser übergießen.
2. Noch einmal kurz durchrühren und abgedeckt 2 Stunden quellen lassen.
3. Danach das Brot in eine leicht geölte Kastenform geben und auf mittlerer Schiene in den kalten Ofen stellen.
4. Den Herd auf 200 °C Ober-/Unterhitze einstellen und das Brot darin 75–80 Minuten backen.
5. Vor dem Anschneiden mindestens 1 Stunde auskühlen lassen.

Thomas KOCHT

Alternativ kann man die Zutaten auch mit kaltem Wasser vermischen. Dann sollten sie mindestens 3 Stunden quellen oder noch besser abgedeckt über Nacht im Kühlschrank. Ansonsten genauso verfahren wie oben. Aus dem Kühlschrank braucht das Brot etwa 80–90 Minuten.

Wer keine Chiasamen mag, der lässt sie einfach weg und nimmt 90 g weniger Wasser, also noch 410 g Wasser.

Anmerkung: Hafer ist grundsätzlich glutenfrei. Der gekaufte enthält allerdings oft Spuren von Gluten. Wenn das Brot also zu 100 Prozent glutenfrei sein soll, dann unbedingt Hafer kaufen, der ausdrücklich als »glutenfrei« ausgewiesen ist.

Brote mit Hefe

Helle Brote

Lass nach der Backzeit die Baguettes noch 5 Minuten im ausgeschalteten Ofen bei offener Tür liegen. Das verbessert die Kruste.

BAGUETTE

Baguettes sind die hohe Kunst des Backens. Ein Video dazu war eines der ersten auf meinem YouTube-Kanal. Seitdem habe ich unzählige Varianten ausprobiert. Die hier gezeigte Methode hat bisher zum besten Ergebnis geführt. Ich verwende nicht das typische Baguettemehl T 65, da es schwer zu bekommen ist.

Vorteig: 12–14 Std. | Stockgare: 2 Std. bei Zimmertemperatur + 12 Std. im Kühlschrank | Zwischengare: 15 Min. | Stückgare: 1 Std. | Backzeit: 25–30 Min.

ZUTATEN FÜR 3 BAGUETTES:

VORTEIG:

100 g Wasser (30 °C)
1 g frische Hefe
100 g Weizenmehl Type 550

HAUPTTEIG:

100 g Weizenmehl Type 1050
300 g Weizenmehl Type 550
4 g frische Hefe
245 g Wasser (20 °C; 40 g zurückbehalten)
10 g Salz
Öl für die Schüssel

Vorteig:

1. Wasser in eine kleine Schüssel geben und die Hefe darin mithilfe eines Schneebesens auflösen.
2. Anschließend das Mehl dazugeben und mit einem Holzlöffel gut vermischen, bis ein weicher Teig entstanden ist.
3. Abgedeckt 12–14 Stunden bei Zimmertemperatur gehen lassen.

Hauptteig:

1. Den Vorteig in die Knetschüssel einer Küchenmaschine geben. Die Hefe zusammen mit dem Wasser (etwa 40 g zurückbehalten) zu dem Vorteig geben und auflösen. Beide Mehlsorten in einer Schüssel mischen und zu den restlichen Zutaten geben. 5 Minuten auf Stufe 1 kneten. Erst dann das Salz zufügen und weitere 7–10 Minuten auf Stufe 2 kneten. Dabei das restliche Wasser bei Bedarf nach und nach dazugeben.
2. Den Teig in eine leicht gefettete Schüssel geben und abgedeckt 2 Stunden bei Zimmertemperatur gehen lassen. Die ersten 90 Minuten den Teig alle 30 Minuten dehnen und falten (siehe Seite 16). Den Teig abgedeckt 12 Stunden im Kühlschrank bei 5–6 °C reifen lassen. ▶

3. Teig aus dem Kühlschrank nehmen, auf eine bemehlte Arbeitsfläche legen und in 3 Portionen à 280 g teilen.

4. Teig etwas flach drücken und unter Spannung aufrollen. Mit dem Schluss nach unten auf die Arbeitsfläche legen und mit Folie abdecken. 15 Minuten ruhen lassen.

5. Zum Formen der Baguettes die Teiglinge mit etwas Mehl bestäuben, umdrehen, sodass die mehlierte Seite unten ist, und Teig flach drücken. Den Teig zur Mitte hineinschlagen, umdrehen und das Gleiche von der anderen Seite tun.

6. Dann die Teiglinge unter Spannung aufrollen und den Schluss gut verschließen. Mit beiden Händen zu Baguettes rollen, dabei die Spitzen schön ausformen.

7. Die Baguettes mit dem Schluss nach oben auf ein mehliertes Leinen- oder Baumwolltuch legen. Das Tuch zwischen den Baguettes hochziehen. Mit Folie abgedeckt 45 Minuten bei Zimmertemperatur gehen lassen.

8. Die Folie abnehmen, die Baguettes auf einen Pizzaschieber oder auch eine Spanplatte rollen und auf ein Backpapier transportieren (der Schluss sollte jetzt unten sein).

9. Die Baguettes so weitere 15 Minuten ohne Folie gehen lassen. So bekommen sie eine leichte Haut, lassen sich besser einschneiden und der Ausbund wird größer.

10. Währenddessen den Backofen mit Pizzastein (alternativ mit Backblech) auf 250 °C Ober-/Unterhitze vorheizen.

11. Die Baguettes mit einem scharfen Messer oder einer Rasierklinge in einem Winkel von 45° einschneiden. Mit einem Pizzaschieber die Baguettes samt Backpapier auf den heißen Pizzastein schieben. Sofort Schwaden geben und die Temperatur auf 240 °C herunterdrehen. Brote 10 Minuten backen, dann die Ofentür kurz öffnen, den Dampf herauslassen und das Backpapier entfernen.

12. Die Temperatur auf 220 °C herunterdrehen und Baguettes weitere 15–20 Minuten backen.

FLADENBROT (PIDE)

Wer liebt sie nicht? Leckere, luftige Fladenbrote. Dieses Rezept eignet sich prima, um Döner selbst zu machen, oder auch einfach als Beilagenbrot.

Vorteig: 30 Min. | Stockgare: 1 Std. bei Zimmertemperatur + 12 Std. im Kühlschrank | Zwischengare: 20 Min. | Stückgare: 30 Min. | Backzeit: ca. 20 Min.

ZUTATEN FÜR 4 KLEINE FLADENBROTE:

VORTEIG:

300 g Wasser (25 °C)

2 g frische Hefe

300 g Weizenmehl Type 550

HAUPTTEIG:

10 g Salz

200 g Weizenmehl Type 550

50 g Naturjoghurt (3,5 % Fett)

20 g Olivenöl

Öl für die Schüssel

ZUM BESTREICHEN UND BESTREUEN:

1 Ei (Größe M)

1 EL Olivenöl

1 EL Wasser

etwas Sesam und Schwarzkümmel

Vorteig:

1. Wasser in die Knetschüssel einer Küchenmaschine geben und die Hefe darin mithilfe eines Schneebesens auflösen. Mehl zugeben und mit einem Holzlöffel zu einem Vorteig verrühren.
2. Abgedeckt 30 Minuten bei Zimmertemperatur gehen lassen.

Hauptteig:

1. Das Salz in einer separaten Schüssel mit dem Mehl vermischen und zum Vorteig geben. Joghurt und Olivenöl ebenfalls dazugeben und Teig in der Maschine 5 Minuten auf Stufe 2 kneten.
2. Den Teig zu einer Kugel formen und in einer leicht geölten Schüssel abgedeckt 1 Stunde bei Zimmertemperatur gehen lassen.
3. Anschließend den Teig 12 Stunden zum Reifen bei 5–6 °C in den Kühlschrank stellen.
4. Danach Teig auf eine bemehlte Arbeitsfläche geben und in 4 etwa gleich große Portionen teilen.

5. Die Teiglinge zu Kugeln formen und abgedeckt 20 Minuten ruhen lassen.

6. Die Teigkugeln auf einer bemehlten Arbeitsfläche vorsichtig mit den Fingern zu runden Fladen drücken. Wichtig ist, nicht die ganze Luft herauszudrücken. Die Fladen auf ein mit Backpapier belegtes Blech setzen und abgedeckt 30 Minuten gehen lassen.

7. Backofen auf 250 °C Ober-/Unterhitze vorheizen.

8. Am besten backt man die Fladenbrote auf einem Pizzastein oder Stahl. Ei, Olivenöl und Wasser in einer Schüssel mit einem Stabmixer kurz verquirlen.

9. Die Fladenbrote mit der Hand mit Eistreiche einreiben und mit den Fingerspitzen beider Hände im Abstand von 2–3 cm längs und quer ein paar Streifen in den Teig drücken, sodass ein Gittermuster entsteht.

10. Die Brote nach Belieben mit Sesam und Schwarzkümmel bestreuen. Die Fladenbrote auf den heißen Stein schieben und die Temperatur auf 220 °C herunterdrehen. Schwaden geben und etwa 20 Minuten backen.

11. Die fertigen Fladenbrote gleich mit einem Küchentuch abdecken, damit sie etwas nachdampfen und schön weich bleiben.

CIABATTA

Jeder kennt und liebt diese italienischen Brote. Sie selbst zu backen, macht wirklich Spaß.

Stockgare: 2 Std. bei Zimmertemperatur + 8–10 Std. im Kühlschrank | Stückgare: 45 Min. | Backzeit: 30 Min.

ZUTATEN FÜR 2 BROTE:

300 g Wasser (30 °C)
5 g frische Hefe
8 g Salz
400 g Weizenmehl Type 550
10 g Olivenöl

1. Das Wasser in eine Schüssel geben und Hefe und Salz darin mithilfe eines Schneebesens auflösen.
2. Dann nach und nach das Mehl zugeben und alles mit einem Holzlöffel oder mit der Hand zu einem klebrigen Teig vermischen. Wenn das Mehl gebunden ist, den Teig von Hand oder mit der Küchenmaschine 2–3 Minuten kneten. Er muss nicht komplett ausgeknetet sein.
3. Das Olivenöl in eine Schüssel oder eine kleine rechteckige Wanne gießen und den Teig hineinlegen. Jetzt abgedeckt bei Zimmertemperatur 2 Stunden gehen lassen.
4. Dabei den Teig alle 30 Minuten dehnen und falten (siehe Seite 16), also insgesamt 4 Durchgänge.
5. Anschließend den Teig abgedeckt 8–10 Stunden bei 5–6 °C in den Kühlschrank stellen.
6. Teig aus dem Kühlschrank nehmen und auf eine großzügig bemehlte Arbeitsfläche geben.
7. Vorsichtig in eine rechteckige Form ziehen und mit einer Teigkarte längs in 2 gleich große Stücke teilen. Die Teiglinge auf ein bemehltes Leinentuch legen, das Tuch zwischen den Teiglingen etwas hochziehen. Mit Tuch und Folie abgedeckt 45 Minuten gehen lassen.
8. In der Zwischenzeit den Ofen mit Pizzastein (alternativ mit Blech) auf 240 °C Ober-/Unterhitze vorheizen.

9. Das Ciabatta auf ein Backpapier geben und mit einem Teigschieber auf den heißen Pizzastein oder das Blech schieben. Brote unter Zugabe von Schwaden 20 Minuten backen. Nach 10 Minuten die Tür öffnen, den Dampf ablassen und das Backpapier entfernen. Nach 20 Minuten die Temperatur auf 210 °C herunterdrehen, nochmals Dampf ablassen und Brote weitere 10 Minuten backen.

Für die geklärte Butter die Butter in einem kleinen Topf schmelzen und so lange köcheln lassen, bis sich die Molke am Boden absetzt. Dann ein Sieb mit einem Küchenpapier auslegen und die Butter durchpassieren. In einem Schraubglas aufbewahrt hält sie sich im Kühlschrank mehrere Wochen bis Monate.

Auf meinem YouTube-Kanal findest du das Naan-Brot-Rezept mit der Anleitung.

NAAN-BROT

Naan-Brote sind kleine Fladenbrote, die meist als Beilage gegessen werden. Viele kennen sie aus der indischen Küche, aber es gibt sie auch in anderen Ländern. Diese Brote sind schnell zubereitet und schmecken großartig zu Eintöpfen, Suppen und vielem mehr.

Stockgare: 1 Std. | Zwischengare: 10 Min. | Backzeit: etwa 2 Min.

ZUTATEN FÜR 10 STÜCK:

500 g Dinkelmehl Type 630 oder Weizenmehl Type 550
10 g Salz
10 g frische Hefe
215 g Wasser (Zimmertemperatur)
100 g Naturjoghurt (3,5 % Fett)
Öl für die Schüssel
etwa 50 g geklärte Butter (alternativ geschmolzene Butter)

1. Mehl in die Knetschüssel einer Küchenmaschine geben und mit dem Salz vermischen. Die Hefe in das Mehl bröseln. Das Wasser und den Joghurt zugeben und alles mit dem Knethaken 4 Minuten auf Stufe 1 vermischen. Danach 6 Minuten auf Stufe 2 kneten.
2. Teig zu einer Kugel formen und in einer leicht geölten Schüssel abgedeckt 1 Stunde gehen lassen.
3. Teig auf die leicht bemehlte Arbeitsfläche geben und in 10 gleich große Portionen aufteilen.
4. Die Teigportionen zu Kugeln formen und abgedeckt 10 Minuten ruhen lassen.
5. Dann die Teiglinge mit etwas Mehl bestäuben und mit dem Nudelholz dünn ausrollen (etwa 3 mm dick). Eine Pfanne mit dickem Boden erhitzen und die kleinen Fladen ohne Öl in die heiße Pfanne legen. Wenn sie Blasen werfen, die Fladen umdrehen und auf der anderen Seite schön ausbacken.
6. Aus der Pfanne nehmen und noch warm mit geklärter Butter einpinseln. Die Fladen auf einem Teller oder einem Tuch übereinanderstapeln.

MEDITERRANES OLIVENBROT

Ein perfektes Brot für heiße Sommertage, zum Grillen oder auch als Beilage zu einem Salat.

Stockgare: 45 Min. | Zwischengare: 10 Min. | Stückgare: 1 Std. | Backzeit: 35–40 Min.

ZUTATEN FÜR 1 BROT:

320 g Wasser (Zimmertemperatur)
10 g frische Hefe
450 g Weizenmehl Type 550
50 g Semola (italienisches Hartweizengrießmehl)
10 g Salz
1 TL getrockneter Oregano
20 g Olivenöl
100 g schwarze Oliven (ohne Stein)

1. Wasser in die Knetschüssel einer Küchenmaschine geben und die Hefe darin mithilfe eines Schneebesens auflösen. Die trockenen Zutaten in einer Schüssel vermischen und mit dem Öl in die Knetschüssel geben. 3–4 Minuten auf Stufe 1 vermischen, dann 5 Minuten auf Stufe 2 kneten.

2. Die Oliven in Scheiben schneiden und zu dem Teig geben. Weitere 1–2 Minuten kneten, bis die Oliven untergemischt sind.

3. Teig abdecken und 45 Minuten an einem warmen Ort gehen lassen.

4. Danach Teig auf eine bemehlte Arbeitsfläche geben, zu einer strammen Kugel formen und abgedeckt nochmals 10 Minuten ruhen lassen.

5. Anschließend den Teig in eine ovale Form bringen, mit Mehl bestäuben und mit dem Schluss nach oben auf ein bemehltes Tuch legen und damit zudecken. Zusätzlich mit Folie abgedeckt ungefähr 1 Stunde gehen lassen.

6. Den Backofen mit Pizzastein auf 250 °C Ober-/Unterhitze vorheizen.

7. Das Brot umgedreht auf ein Backpapier legen (Schluss ist jetzt unten), einschneiden und auf den heißen Pizzastein schieben. Schwaden geben. Nach 20 Minuten die Tür öffnen, den Dampf ablassen und die Temperatur je nach Farbe auf 220–200 °C herunterdrehen. Brot dann weitere 15–20 Minuten backen.

WEISSBROT MIT PESTO

Das ist eines der Brote, das wir sehr oft auf den Yachten, in denen ich gearbeitet habe, gebacken haben. Es gab dort fast täglich frisches Brot für die Gäste. Dieses war eines der Klassiker. Man kann das Rezept beliebig abwandeln und das Brot mit allen möglichen Dingen füllen.

Stockgare: 1 Std. | Stückgare: 30–45 Min. | Backzeit: 40–45 Min.

ZUTATEN FÜR 1 BROT:

300 g Wasser (Zimmertemperatur)
10 g frische Hefe
500 g Weizenmehl Type 550
10 g Salz
Öl für die Schüssel
50–70 g Basilikumpesto

1. Das Wasser in die Knetschüssel einer Küchenmaschine geben und die Hefe darin mithilfe eines Schneebesens auflösen. Mehl und Salz dazugeben und 3–4 Minuten auf Stufe 1 vermischen. Dann etwa 7 Minuten auf Stufe 2 kneten, bis ein geschmeidiger Teig entstanden ist.
2. Den Teig zu einer Kugel formen und in einer leicht geölten Schüssel abgedeckt 1 Stunde bei Zimmertemperatur gehen lassen.
3. Teig auf eine bemehlte Arbeitsfläche geben und mit den Händen zu einem Rechteck von etwa 30 × 24 cm drücken. Das Rechteck sollte mit der langen Seite vor einem liegen.
4. Dann Teig mit Pesto bestreichen. Dabei links und rechts etwa 2 cm und oben 10 cm frei lassen.
5. Dann den Teig aufrollen und den Schluss mit den Fingern gut zusammendrücken. Brot mit dem Schluss nach unten auf ein mit Backpapier ausgelegtes Blech geben und abgedeckt 30–45 Minuten gehen lassen.
6. Den Ofen auf 240 °C Ober-/Unterhitze vorheizen.
7. Das Brot einschneiden (nicht zu tief) und auf mittlerer Schiene unter Zugabe von Schwaden 20 Minuten backen. Danach die Ofentür öffnen, den Dampf ablassen und Brot weitere 20–25 Minuten bei 210–200 °C backen.

ROSMARIN-FOCACCIA

Focaccias sind leckere luftige Weißbrote, die mit viel Olivenöl zubereitet werden. Man kann mit diesem Rezept verschiedene Varianten zaubern. Ich nehme hier Rosmarin, aber auch mit Oliven und halbierten Kirschtomaten belegt schmecken die Brote toll. Focaccias eignen sich auch perfekt als Sandwichbrot.

Stockgare: 1 Std. | Stückgare: 10 Min. | Backzeit: 25–30 Min.

ZUTATEN FÜR 1 BROT:

320 g Wasser (Zimmertemperatur)
10 g frische Hefe
500 g Weizenmehl Type 550
10 g Salz
40 g Olivenöl
1–2 Zweige Rosmarin
ein paar Salzflocken zum Bestreuen (optional)

1. Wasser in die Knetschüssel einer Küchenmaschine geben und die Hefe darin mithilfe eines Schneebesens auflösen. Das Mehl in einer separaten Schüssel mit dem Salz vermischen und zu dem Wasser geben. 2 Minuten auf Stufe 1 kneten, danach 8–10 Minuten auf Stufe 2. Der Teig ist nun weich, das ist aber normal und auch gewollt.

2. Die Arbeitsfläche mit etwa 1 EL von dem Olivenöl einreiben. Den Teig daraufgeben, mit geölten Händen ein paar Mal »slap and fold« machen (siehe Seite 17) und den Teig zu einer schönen glatten Kugel formen.

3. Ein Backblech mit Backpapier auslegen und mit den Händen zusätzlich etwas Olivenöl darauf verreiben. Die Teigkugel darauflegen und ebenfalls mit etwas Olivenöl einstreichen. Mit Folie abdecken (das Öl verhindert, dass die Folie klebt) und bei Zimmertemperatur 1 Stunde gehen lassen.

4. Dann mit geölten Fingerspitzen Löcher in den Teig drücken und den Teig dabei gleichzeitig in eine rechteckige oder runde Form bringen.

5. Das Olivenöl bis auf einen kleinen Rest, der zum Einpinseln für die fertige Focaccia benötigt wird, über den Teig gießen und mit der Handfläche ein wenig verteilen.

▶

6. Den Rosmarin waschen, mit Küchenpapier trocken tupfen. Die Nadeln abzupfen und auf der Focaccia verteilen. Weitere 10 Minuten ohne Folie gehen lassen.

7. Den Backofen auf 230 °C Ober-/Unterhitze vorheizen.

8. Die Focaccia im Backofen auf mittlerer Schiene 25–30 Minuten backen, bis sie eine schöne goldbraune Farbe hat.

9. Direkt nach dem Backen die Focaccia mit dem restlichen Olivenöl einpinseln und nach Belieben mit den Salzflocken bestreuen.

PITA-BROT ODER TEIGTASCHEN

Diese Pita-Brote können wunderbar mit allerlei Dingen gefüllt werden. Ich verwende sie auch sehr gerne, um mit Falafeln ein Sandwich daraus zu machen. Aber auch bei jedem Grillabend machen sie eine gute Figur.

Stückgare: 2 Std. | Zwischengare: 30 Min. | Stockgare: 15 Min. | Backzeit: 3–5 Min.

ZUTATEN FÜR 8 STÜCK:

300 g Wasser (Zimmertemperatur)
10 g frische Hefe
20 g Olivenöl
10 g Salz
500 g Weizenmehl Type 550
Öl für die Schüssel

1. Wasser in die Knetschüssel einer Küchenmaschine gießen und die Hefe darin mithilfe eines Schneebesens auflösen. Das Olivenöl dazugeben.
2. In einer separaten Schüssel das Salz mit dem Mehl mischen und dann ebenfalls in die Knetschüssel geben. Den Teig 3 Minuten auf Stufe 1 mischen, danach 7 Minuten auf Stufe 2 kneten.
3. Teig zu einer Kugel formen und in einer leicht geölten Schüssel abgedeckt 2 Stunden bei Zimmertemperatur gehen lassen.
4. Teig auf eine bemehlte Arbeitsfläche geben und in 8 Stücke à 100 g zerteilen.
5. Die Portionen rund formen, mit Mehl bestäuben und 30 Minuten mit einem Tuch abgedeckt ruhen lassen.
6. Den Ofen auf 250 °C oder noch besser 270 °C Ober-/Unterhitze vorheizen.
7. In die untere Schiene ein Blech verkehrt herum einschieben und mit vorheizen.

8. Die Teigkugeln mit etwas Mehl bestäuben und mit einem Nudelholz etwa 3 mm dick und rund ausrollen. Nochmals abdecken und 15 Minuten ruhen lassen.

9. Anschließend Fladen direkt im Ofen auf das heiße Blech geben. Die Fladen gehen nach ein paar Minuten auf wie ein Ballon. Dann kurz umdrehen und in ein paar Minuten fertig backen.

10. Die Pita-Brote sind fertig, wenn sie schön aufgegangen und leicht gebräunt sind. Das dauert maximal 4–5 Minuten.

TOASTBROT

Selbst gebackenes Toastbrot schmeckt einfach viel besser als gekauftes. Frisch getoastet macht es jedes Frühstück zu einem Fest. Bleibt etwas übrig, kann man es auch wunderbar einfrieren.

Stockgare: 2 Std. | Zwischengare: 15 Min. | Stückgare: 1 Std. | Backzeit: 40–45 Min.

ZUTATEN FÜR 1 KASTENFORM (30 × 10 × 8 CM):

320 g Milch (20 °C)
10 g frische Hefe
500 g Weizenmehl Type 550
10 g Salz
30 g Zucker
50 g Butter (Zimmertemperatur)
Öl für die Schüssel
etwas Butter für die Form

1. Milch in die Knetschüssel einer Küchenmaschine geben und die Hefe darin mithilfe eines Schneebesens auflösen. Mehl, Salz und Zucker zugeben und 2 Minuten auf Stufe 1 mischen, danach 4 Minuten auf Stufe 2 kneten. Weitere 4 Minuten kneten, dabei die Butter nach und nach zugeben, bis sie ganz eingearbeitet ist.

2. Teig zu einer Kugel formen und in eine leicht geölte Schüssel legen. Abgedeckt 2 Stunden bei Zimmertemperatur gehen lassen.

3. Teig auf eine mehlierte Arbeitsfläche geben und zu einer straffen Kugel rundwirken. Abgedeckt 15 Minuten ruhen lassen.

4. Anschließend den Teigling umdrehen, etwas flach drücken und unter Spannung so aufrollen, dass die Außenhaut schön glatt wird. Den Schluss mit den Fingerspitzen zusammendrücken. Das Brot mit dem Schluss nach unten in eine mit Butter leicht gefettete Form legen. Gut mit Folie abdecken (es ist wichtig, dass das Brot nicht antrocknet) und etwa 1 Stunde gehen lassen, bis der Teig sich gut verdoppelt hat und über den Rand der Backform herausragt.

5. Backofen auf 200 °C Ober-/Unterhitze vorheizen, das Brot auf mittlerer Schiene in den Ofen schieben und unter Zugabe von Schwaden 20 Minuten backen.

6. Dann die Temperatur auf 180 °C herunterdrehen und Brot weitere 20–25 Minuten backen, bis es goldbraun ist.
7. Brot etwa 5 Minuten in der Form abkühlen lassen, dann herausheben und auf einem Kuchengitter komplett auskühlen lassen.

SODABROT (OHNE HEFE)

Sodabrot ist Brot, das als Triebmittel Natron verwendet. Diese Art Brote sind zum Beispiel in Irland sehr beliebt. Damit das Natron reagieren kann, braucht es eine Säure. Die ist hier in der Buttermilch enthalten. Ohne Säure würde das Ganze nicht funktionieren. Sodabrot hat den Vorteil, dass es extrem schnell geht. Der Teig muss nicht geknetet werden und auch nicht ruhen. Ich will dir aber auch die Nachteile bei Brot ohne Hefe nicht verschweigen: Zum einen entsteht bei der Fermentation mit Hefe nicht nur Geschmack, sondern das Brot wird auch leichter verdaulich für uns. Zum anderen bleibt Brot, das länger fermentiert ist, auch länger frisch. Aber wenn es mal schnell gehen muss, sind diese Sodabrote wirklich wunderbar.

Backzeit: 30–35 Min.

ZUTATEN FÜR 1 BROT:

500 g Weizenmehl Type 550 oder 450
5 g Natron
10 g Salz
330 g Buttermilch (aus dem Kühlschrank)

1. Den Backofen auf 220 °C Ober-/Unterhitze vorheizen.
2. Mehl, Natron und Salz in einer ausreichend großen Schüssel vermischen. Die Buttermilch dazugeben und alles mit einem Holzlöffel vermengen.
3. Teig auf eine bemehlte Arbeitsfläche geben und mit den Händen grob zusammendrücken. Ziel ist es, den Teig so wenig wie möglich zu kneten. Der Teig soll nur zusammenhalten.
4. Einen runden Brotlaib formen und diesen auf ein mit Backpapier belegtes Blech setzen und etwas flach drücken. Der Teig ist nicht glatt, sondern eher etwas schrumpelig, aber das soll genau so sein. Die Kugel etwas mehlieren und mit einem Messer kreuzweise tief einschneiden.
5. Blech auf mittlerer Schiene in den Ofen schieben und Brot 30–35 Minuten backen.

Sauerteigbrote

PAN CATETO

Das Pan Cateto kommt aus Andalusien, dem Süden Spaniens. Genauer gesagt, aus der Region um Malaga. Es ist ein Brot, das traditionell mit Hartweizengrieß und Sauerteig gebacken wird. Es hat eine super weiche und saftige Krume und eignet sich perfekt als Begleiter beim Grillen oder als Beilage zu so ziemlich jedem Gericht.

Reifezeit Sauerteig: 14–16 Std. | Autolyse: 30–60 Min. | Stockgare: 2 Std. | Stückgare: 8–10 Std. | Backzeit: 50 Min.

ZUTATEN FÜR 1 BROT:

SAUERTEIG:

50 g Wasser (40 °C)
5 g Weizen-Anstellgut
50 g Weizenmehl Type 550

AUTOLYSETEIG:

250 g Weizenmehl Type 550
200 g Semola (italienisches Hartweizengrießmehl)
280 g Wasser (30 °C)

HAUPTTEIG:

20 g Wasser (Zimmertemperatur)
3 g frische Hefe
25 g Olivenöl
10 g Salz
Öl für die Schüssel

Sauerteig:

1. Wasser in eine Schüssel geben. Das Anstellgut dazugeben und mit einem Holzlöffel verrühren. Dann das Mehl zufügen und alles zu einem dünnen Teig verrühren.
2. Abgedeckt 14–16 Stunden bei Zimmertemperatur reifen lassen.

Autolyseteig:

1. Weizenmehl und Hartweizengrießmehl in die Knetschüssel einer Küchenmaschine geben und vermischen.
2. Wasser zugeben und nur so lange verrühren, bis alles gerade gebunden ist und keine großen Klümpchen mehr im Teig sind.
3. Teig abdecken und 30 Minuten bis 1 Stunde stehen lassen.

▶

Hauptteig:

1. Wasser in eine separate Schüssel geben und die Hefe darin mithilfe eines Schneebesens auflösen. Dann zum Autolyseteig geben. Sauerteig, Olivenöl und das Salz ebenfalls dazugeben. Teig 2–3 Minuten auf Stufe 1 und dann 5 Minuten auf Stufe 2 kneten.

2. Teig zu einer Kugel formen und in einer leicht geölten Schüssel abgedeckt 2 Stunden bei Zimmertemperatur gehen lassen.

3. Anschließend den Teig auf eine bemehlte Arbeitsfläche geben, flach drücken, damit die Luft entweicht und rundwirken. Mit Mehl bestäuben.

4. Einen Gärkorb mit einem Baumwoll- oder Leinentuch auslegen, dieses leicht bemehlen und den Teig hineinlegen. Erst mit dem Tuch, dann mit einer Frischhaltefolie abdecken und über Nacht (8–10 Stunden) im Kühlschrank gehen lassen.

5. Den Ofen auf 220 °C Ober-/Unterhitze vorheizen.

6. Das Brot direkt aus dem Kühlschrank vorsichtig auf ein mit Backpapier ausgelegtes Blech stürzen, einschneiden und auf mittlerer Schiene unter Zugabe von Schwaden backen. Nach 10 Minuten die Ofentür kurz öffnen und den Dampf ablassen.

7. Nach 20 Minuten die Temperatur auf 180 °C herunterdrehen und Brot weitere 30 Minuten backen.

BAUERNBROT

Dieses Brot wird mit zwei Vorteigen hergestellt. Dadurch hat es Zeit, Geschmack zu entwickeln, und es bleibt auch lange frisch. Das Ergebnis ist ein wunderbar aromatisches Brot, wie man es von früher kennt.

Reifezeit Vorteige: 10 Std. | Stockgare: 30 Min. | Stückgare: 45–60 Min. | Backzeit: 50 Min.

ZUTATEN FÜR 1 BROT:

SAUERTEIG:
100 g Wasser (35–40 °C)
10 g Roggen-Anstellgut
100 g Roggenmehl Type 997

HEFE-VORTEIG:
60 g Wasser (35–40 °C)
1 g frische Hefe
100 g Dinkelmehl Type 650

HAUPTTEIG:
140–160 g Wasser (Zimmertemperatur)
2 g frische Hefe
300 g Dinkelmehl Type 1050
10 g Salz

Sauerteig:

1. Das Wasser in eine Schüssel geben und den Sauerteig darin mithilfe eines Schneebesens auflösen. Das Mehl mit einem Holzlöffel einrühren, bis ein glatter Teig entsteht.
2. Die Schüssel mit einem Deckel oder Folie abdecken und an einem warmen Ort 10 Stunden gehen lassen.

Hefe-Vorteig:

1. Das Wasser in eine Schüssel geben und die Hefe darin mithilfe eines Schneebesens auflösen. Das Mehl dazugeben und von Hand zu einem Teig verkneten. Der Teig ist etwas fester, das ist aber so gewollt.
2. Den Teig mit einem Deckel oder Folie abdecken und ebenfalls 10 Stunden an einem warmen Ort gehen lassen.

Hauptteig:

1. Das Wasser, bis auf etwa 20 g, in die Knetschüssel einer Küchenmaschine geben und die Hefe darin mithilfe eines Schneebesens auflösen. Sauerteig, Hefe-Vorteig, Mehl und Salz in die Knetschüssel geben. Etwa 5–7 Minuten auf Stufe 1 kneten, bis ein elastischer Teig entstanden ist. Das restliche Wasser bei Bedarf nach und nach dazugeben.

2. Den Teig abgedeckt 30 Minuten ruhen lassen.
3. Anschließend auf eine bemehlte Arbeitsfläche geben und rundwirken. Einen Gärkorb mit einem Leinentuch oder Baumwolltuch auslegen, mehlieren, und das Brot mit der glatten Seite nach unten in den Korb legen.
4. Abgedeckt 45 Minuten bis 1 Stunde gehen lassen.
5. Den Backofen auf 250 °C Ober-/Unterhitze vorheizen.
6. Einen gusseisernen Topf ebenfalls mit vorheizen. Das Brot in den Topf geben, einschneiden und mit geschlossenem Deckel 30 Minuten im Ofen backen.
7. Dann den Deckel abnehmen und Brot weitere 20 Minuten bei 220–200 °C backen, je nach gewünschtem Bräunegrad. Beim Backen ohne Topf: das Brot auf ein Backpapier geben, einschneiden und mit einem Schieber direkt auf einen heißen Pizzastein oder ein heißes Blech schieben. Unter Zugabe von Schwaden 20 Minuten bei 250 °C backen. Nach 20 Minuten die Tür öffnen, den Dampf ablassen und die Temperatur auf 220–200 °C herunterdrehen und Brot weitere 25–30 Minuten backen.

ROGGENMISCHBROT

Dieses Rezept stammt auch von meinem Kanal, ist aber leicht abgeändert. Wer mit Sauerteig-Rezepten unsicher ist, kann beim Hauptteig noch 1-2 g frische Hefe dazugeben. Das Brot besteht zu 60 Prozent aus Roggen- und zu 40 Prozent aus Weizenmehl.

Reifezeit Sauerteig: 12–16 Std. | Stockgare: 30 Min. | Stückgare: 2–4 Std. | Backzeit: 40–45 Min.

ZUTATEN FÜR 1 BROT:

SAUERTEIG:

150 g Wasser (35–40 °C)
10 g Roggen-Anstellgut
150 g Roggenmehl Type 1150

HAUPTTEIG:

170 g Wasser (Zimmertemperatur)
200 g Weizenmehl Type 550
150 g Roggenmehl Type 1150
10 g Salz

Sauerteig:

1. Wasser in eine Schüssel geben und das Anstellgut mit einem Schneebesen darin auflösen. Mehl dazugeben und mit einem Holzlöffel zu einem weichen Teig verrühren.
2. Abdecken und 12–16 Stunden bei Zimmertemperatur reifen lassen.

Hauptteig:

1. Sauerteig mit dem Wasser in die Knetschüssel einer Küchenmaschine geben. Mehl in einer separaten Schüssel mit dem Salz vermischen und ebenfalls dazugeben. 5 Minuten auf Stufe 1 kneten, bis ein homogener Teig entstanden ist.
2. Dann den Teig abgedeckt 30 Minuten ruhen lassen.
3. Anschließend zu einem runden Brotlaib formen und in einem bemehlten Gärkorb mit dem Schluss nach oben abgedeckt gehen lassen, bis der Teig sich fast verdoppelt hat. Das kann 2–4 Stunden dauern, je nach Temperatur.
4. Backofen mit dem Pizzastein oder einem Backblech auf 250 °C Ober-/Unterhitze vorheizen.

5. Das Brot vorsichtig auf ein Backpapier stürzen, einschneiden und auf den heißen Stein oder das Blech schieben. Direkt Schwaden geben. Nach 20 Minuten die Tür öffnen, den Dampf ablassen und die Temperatur auf 210–200 °C herunterdrehen und Brot weitere 20–25 Minuten backen.

6. Alternativ kann man das Brot auch im gusseisernen heißen Bräter zubereiten. Dazu 30 Minuten mit Deckel bei 250 °C und weitere 20 Minuten bei 210 °C ohne Deckel backen.

ROGGENBROT

Dieses Rezept ergibt ein ganz ursprüngliches, würziges Brot. Es wird mit 100 Prozent Roggen gebacken und nur mit Sauerteig gelockert. Dadurch bekommt man ein etwas schwereres Brot, als man das vielleicht von Mischbroten mit Weizenanteil her kennt.

Reifezeit Sauerteig: 12 Std. | Stockgare: 30 Min. | Stückgare: 2–3 Std. | Backzeit: 50 Min.

ZUTATEN FÜR 1 BROT:

SAUERTEIG:
150 g Wasser (35 °C)
30 g Roggen-Anstellgut
150 g Roggenmehl Type 997

HAUPTTEIG:
305 g Wasser (35 °C)
500 g Roggenmehl Type 997
12 g Salz

Sauerteig:

1. Wasser in eine Schüssel geben und das Anstellgut mit dem Schneebesen darin auflösen. Das Mehl dazugeben und zu einem Teig verrühren.
2. Mit einem Deckel abdecken und an einem warmen Ort ungefähr 12 Stunden gehen lassen.

Hauptteig:

1. Wasser in die Knetschüssel einer Küchenmaschine gießen und 300 g des Sauerteigs darin mithilfe eines Schneebesens auflösen. Den restlichen Sauerteig als Anstellgut für das nächste Brot beiseitestellen.
2. Mehl und Salz dazugeben und alles auf Stufe 1 etwa 3 Minuten vermischen. Der Teig ist klebrig, das ist bei Roggen aber völlig normal.
3. Den Teig abgedeckt 30 Minuten bei Zimmertemperatur ruhen lassen.
4. Teig auf eine mehlierte Arbeitsfläche geben und in eine runde Form bringen.

5. Den Teig mit etwas zusätzlichem Roggenmehl mehlieren und in einen Brotkorb mit einem Leinetuch geben. Das Tuch ebenfalls mehlieren.

6. Das Brot mit dem Tuch abdecken und am besten im geschlossenen, ausgeschalteten Ofen 2–3 Stunden gehen lassen. Dabei eine Wärmflasche auf den Boden legen. Ideal sind 25–28 °C zum Gehen.

7. Den Ofen auf 250 °C Ober-/Unterhitze vorheizen. Einen Bräter ebenfalls mit vorheizen.

8. Das Brot ist fertig gegangen, wenn es an der Oberfläche Risse bekommt. Das Brot auf ein Backpapier stürzen und ein paar Minuten stehen lassen. So reißt es von allein ein.

9. Dann mit dem Backpapier in den heißen Topf legen und 30 Minuten mit Deckel backen, anschließend den Deckel und das Backpapier entfernen und das Brot weitere 20 Minuten bei 220–200 °C backen.

10. Alternativ kann man das Brot auch auf einem Blech zubereiten. Dann nur anfangs etwas Schwaden geben. Nach 20 Minuten die Tür öffnen, Dampf ablassen und die Temperatur auf 220–200 °C herunterdrehen.

11. Roggenbrot immer gut auskühlen lassen. Am nächsten Tag schmeckt es meist noch besser.

SCHWARZBROT

Unter dem Begriff Schwarzbrot gibt es eigentlich kein genau definiertes Brot. Im Norden Deutschlands ist es auf jeden Fall sehr beliebt. Ich habe hier ein Rezept, das nicht nur gut schmeckt, sondern auch sehr unkompliziert ist.

Brühstück: 12 Std. | Reifezeit Sauerteig: 12 Std. | Stückgare: 3–4 Std. | Backzeit: 50–60 Min.

ZUTATEN FÜR 1 KASTENFORM (30 × 10 × 8 CM):

SAUERTEIG:

100 g Wasser (35 °C)
20 g Roggen-Anstellgut
100 g Roggenvollkornmehl

BRÜHSTÜCK:

1 l Wasser
200 g Roggenkörner

HAUPTTEIG:

196 g Wasser (35 °C)
300 g Roggenvollkornmehl
12 g Salz
40 g Zuckerrübensirup

ZUSÄTZLICH:

etwas Butter oder Trennspray für die Form
etwa 30 g Haferflocken

Sauerteig:

1. Wasser in eine Schüssel geben und das Anstellgut mit dem Schneebesen darin auflösen. Das Mehl dazugeben und mit einem Holzlöffel verrühren, bis ein glatter Teig entstanden ist.
2. Mit einem Deckel oder Folie abgedeckt an einem warmen Ort 12 Stunden gehen lassen.

Brühstück:

1. Das Wasser mit den Roggenkörnern in einem Topf aufkochen, dann Temperatur reduzieren und Körner 10 Minuten köcheln lassen.
2. Bei Zimmertemperatur mit der Flüssigkeit abkühlen lassen, dann abgedeckt im Kühlschrank ebenfalls 12 Stunden quellen lassen.

Hauptteig:

1. Wasser in die Knetschüssel einer Küchenmaschine geben. 20 g von dem Sauerteig abnehmen für das nächste Brot und den restlichen Sauerteig in die Schüssel geben.

▶

2. Die Roggenkörner in einem Sieb gut abtropfen lassen und dann mit dem Mehl, Salz und dem Zuckerrübensirup in die Knetschüssel geben. Etwa 5 Minuten auf Stufe 1 mit dem Knethaken vermischen.

3. Eine Kastenform mit etwas Butter oder Trennspray ausfetten und mit Haferflocken austreuen.

4. Den Teig hineingeben und mit einem Teigspatel glatt streichen (mit nassen Händen geht es auch gut). Die Oberfläche nach Belieben mit ein paar Haferflocken bestreuen.

5. Den Teig abgedeckt bei 25–28 °C 3–4 Stunden gehen lassen (am besten im geschlossenen, ausgeschalteten Backofen mit einer Wärmflasche auf dem Boden).

6. Den Ofen auf 250 °C Ober-/Unterhitze vorheizen.

7. Die Kastenform mit einer Alufolie abdecken und Brot auf mittlerer Schiene 30 Minuten backen.

8. Danach die Folie entfernen und die Hitze auf 220–200 °C herunterdrehen. Brot weitere 20–30 Minuten backen, bis es 95 °C in der Mitte erreicht hat.

Brötchen

KARTOFFEL-KRUSTIS

Diese Brötchen sind nicht nur optisch sehr ansprechend, sondern durch den Kartoffelanteil auch besonders lecker.

Stockgare: 1 Std. bei Zimmertemperatur + 10–12 Std. im Kühlschrank | Stückgare: 45 Min. | Backzeit: 25 Min.

ZUTATEN FÜR 9 STÜCK:

270 g Wasser (Zimmertemperatur)
3 g frische Hefe
400 g Weizenmehl Type 550
50 g Roggenmehl Type 997
10 g Salz
10 g Zucker oder Honig
100 g gekochte Kartoffeln, am besten Pellkartoffeln (geschält und gerieben)
10 g Butter
Öl für die Schüssel

1. Wasser in die Knetschüssel einer Küchenmaschine gießen und die Hefe darin mithilfe eines Schneebesens auflösen.
2. Die restlichen Zutaten dazugeben und 3–4 Minuten auf Stufe 1 vermischen. Dann auf Stufe 2 weitere 7 Minuten kneten, bis ein geschmeidiger Teig entstanden ist.
3. Den Teig zu einer Kugel formen und in eine leicht geölte Schüssel geben. Abgedeckt bei Zimmertemperatur 1 Stunde anspringen lassen.
4. Anschließend im Kühlschrank über Nacht 10–12 Stunden bei 5–6 °C gehen lassen.
5. Am nächsten Tag den Teig aus dem Kühlschrank nehmen und mit einer Teigkarte 9 Portionen à ca. 94 g abstechen. Auf die linke Hand etwas Mehl geben und mit der rechten Hand jeden Teigling in dem Mehl zu einer Kugel rollen (Linkshänder entsprechend andersherum).
6. Teiglinge mit dem Schluss nach unten auf ein bemehltes Leinen- oder Baumwolltuch setzen. Mit dem Tuch und einer Folie abdecken und bei Zimmertemperatur 45 Minuten gehen lassen.
7. Den Backofen auf 240 °C Ober-/Unterhitze vorheizen.

8. Die Brötchen jetzt mit dem Schluss nach oben auf ein mit Backpapier belegtes Blech setzen und auf mittlerer Schiene unter Zugabe von Schwaden 20 Minuten im Ofen backen. Nach 10 Minuten die Ofentür öffnen und den Dampf ablassen. Nach 20 Minuten die Temperatur auf 180 °C herunterdrehen, nochmals Dampf ablassen und Brötchen weitere 5 Minuten backen.

SONNTAGSBRÖTCHEN

Frisch gebackene Brötchen lohnen sich allein schon wegen des Duftes, den sie in der Wohnung verbreiten. Bei diesem Rezept wird der Teig am Vorabend geknetet und ruht dann über Nacht im Kühlschrank. Morgens muss man den Teig nur noch formen und gehen lassen. Alternativ kann man die Brötchen auch am Abend schon formen und im Kühlschrank gehen lassen. Auf diese Art kann man sie morgens direkt aus dem Kühlschrank in den Ofen schieben.

Stockgare: variiert (siehe Variante 1 und 2) | Stückgare: variiert (siehe Variante 1 und 2) | Backzeit: 25 Min.

ZUTATEN FÜR 9 STÜCK:

300 g Wasser (Zimmertemperatur)
3 g frische Hefe
500 g Dinkelmehl Type 630
10 g Salz
1 TL Honig oder 10 g Zucker
10 g Butter

1. Wasser in die Knetschüssel einer Küchenmaschine gießen und die Hefe darin mithilfe eines Schneebesens auflösen. Die restlichen Zutaten dazugeben und 10 Minuten auf Stufe 1 kneten.
2. Den Teig dann 30 Minuten abgedeckt ruhen lassen.

Variante 1:

1. Den Teig abgedeckt bei 5–6 °C für 10–12 Stunden in den Kühlschrank stellen.
2. Am nächsten Morgen den Teig auf eine bemehlte Arbeitsfläche geben und 9 Portionen à 90 g abstechen und jeweils rundwirken. Teiglinge auf ein mit Backpapier belegtes Blech setzen und abgedeckt 45 Minuten bis 1 Stunde gehen lassen.
3. Den Ofen auf 240 °C Ober-/Unterhitze vorheizen.
4. Die Brötchen einschneiden, mit Wasser einsprühen und unter Zugabe von Schwaden 20 Minuten im Ofen backen. Nach 10 Minuten die Ofentür öffnen und den Dampf ablassen.

▶

5. Für eine bessere Kruste nach 20 Minuten die Temperatur auf 180 °C herunterdrehen und Brötchen weitere 5 Minuten backen.

Variante 2:

1. Nach Schritt 1 den Teig direkt portionieren und zu Brötchen formen.
2. Ein Leinen- oder Baumwolltuch auf ein Blech legen und mit Mehl oder noch besser Semola bestäuben.
3. Die Brötchen mit dem Schluss nach oben auf das Tuch legen. Zwischen den Reihen von Brötchen das Tuch hochziehen, sodass die Brötchen sich gegenseitig etwas stützen.
4. Mit einem Tuch und Folie abdecken, damit sie nicht austrocknen, und 10–12 Stunden im Kühlschrank bei 5–6 °C gehen lassen.
5. Am nächsten Morgen die Brötchen von dem Tuch nehmen und mit dem Schluss nach unten auf ein mit Backpapier belegtes Blech setzen und einschneiden. Die Brötchen sofort backen oder, wenn sie nicht genug gegangen sind, einfach bei Zimmertemperatur noch etwas gehen lassen.
6. Gebacken werden die Brötchen genau wie bei Variante 1.

Thomas KOCHT

Wer möchte, kann die Brötchen mit beliebigen Saaten bestreuen. Dafür die Brötchen nach dem Formen einfach mit etwas Wasser anfeuchten und in den Saaten wälzen.

SESAM- UND MOHNBRÖTCHEN

Diese Brötchen ähneln von den Zutaten her sehr stark den Dinkelbrötchen ohne Kneten (siehe Seite 106). Oft reicht es, wenn man nur an ein oder zwei Schrauben dreht, um ein komplett anderes Ergebnis in Aussehen und Geschmack zu bekommen. Bei diesen Dinkelbrötchen habe ich den Teig geknetet und über Nacht im Kühlschrank gehen lassen. Am nächsten Morgen muss man die Brötchen nur noch formen, gehen lassen und backen. Sie haben einen hervorragenden Ofentrieb und werden dadurch locker und luftig.

Stockgare: 1 Std. bei Zimmertemperatur, 8–12 Std. im Kühlschrank | Stückgare: 1 Std. | Backzeit: 25 Min.

ZUTATEN FÜR 9 STÜCK:

300 g Wasser (Zimmertemperatur)
5 g frische Hefe
500 g Dinkelmehl Type 630 oder Weizenmehl Type 550
10 g Salz
20 g Olivenöl oder Butter
Öl für die Schüssel
Sesam, Mohn oder andere Saaten nach Belieben

1. Das Wasser in die Knetschüssel einer Küchenmaschine gießen und die Hefe darin mithilfe eines Schneebesens auflösen. Mehl, Salz und Olivenöl dazugeben und 7–10 Minuten auf Stufe 1 kneten, bis ein geschmeidiger Teig entstanden ist.

2. Teig zu einer Kugel formen, in eine leicht geölte Schüssel legen und mit einem Deckel oder Folie abgedeckt 1 Stunde bei Zimmertemperatur anspringen lassen.

3. Anschließend den Teig über Nacht (8–12 Stunden) im Kühlschrank bei 5–6 °C gehen lassen.

4. Am nächsten Morgen den Teig aus dem Kühlschrank nehmen und auf eine bemehlte Arbeitsfläche geben. Mit einer Teigkarte 9 Portionen à 90 g abstechen und diese jeweils zu Brötchen formen.

5. Wer die Brötchen nicht natur haben möchte, kann nun die Körner daraufgeben, dazu etwas Wasser auf einen flachen Teller geben und auf einen zweiten Teller Kröner streuen. Die Brötchen mit der glatten Oberseite kurz in Wasser tauchen und dann auf die Körner drücken. Sehr gut eignen sich zum Beispiel Sesam, Mohn, Kümmel oder Sonnenblumenkerne.

6. Die Brötchen auf ein mit Backpapier belegtes Blech setzen und mit Folie abdecken. 45 Minuten bei Zimmertemperatur gehen lassen, dann die Folie entfernen und weitere 15 Minuten gehen lassen.

7. Ofen auf 230 °C Ober-/Unterhitze vorheizen.

8. Die Brötchen mit einem scharfen Messer einschneiden und mit dem Backpapier direkt auf den heißen Pizzastein oder das Blech schieben (wer keinen Schieber hat, kann zum Beispiel ein Holzschneidebrett dafür verwenden). Brötchen unter Zugabe von Schwaden für 20 Minuten backen. Nach 10 Minuten die Tür öffnen und den Dampf ablassen. Nach 20 Minuten, je nach Farbe, die Temperatur auf 210–200 °C herunterdrehen und Brötchen weitere 5 Minuten backen, bis sie schön goldbraun sind.

9. Wer hat, kann die heißen Brötchen noch mit einer Sprühflasche mit etwas Wasser einsprühen, wenn sie aus dem Ofen kommen. Dadurch bekommen sie mehr Glanz.

DINKELBRÖTCHEN OHNE KNETEN

Das Schöne an diesen Brötchen ist, dass sie wirklich sehr wenig Arbeit machen, da der Teig nicht groß geknetet werden muss. Er geht bei Zimmertemperatur über Nacht und wird morgens nur noch geformt, darf kurz gehen und wird dann gebacken. Schon sind wunderbar knusprige Brötchen fertig.

Stockgare: 8–10 Std. | Stückgare: 30 Min. | Backzeit: 20 Min.

ZUTATEN FÜR 9 STÜCK:

300 g kaltes Wasser (16–18 °C)
1 g frische Hefe
20 g Olivenöl
500 g Dinkelmehl Type 630
10 g Salz

1. Wasser in eine Schüssel geben und die Hefe darin mithilfe eines Schneebesens auflösen. Die restlichen Zutaten dazugeben und so lange von Hand mischen, bis das Mehl gebunden ist und keine Mehlklumpen mehr vorhanden sind.
2. Teig mit einer Folie abdecken und 8–10 Stunden (über Nacht) bei Zimmertemperatur gehen lassen.
3. Am nächsten Morgen den Teig auf eine bemehlte Arbeitsfläche geben und mit einer Teigkarte 9 Portionen à 90 g abstechen.
4. Die Brötchen rund formen und mit ausreichend Abstand zueinander auf ein mit Backpapier belegtes Blech setzen.
5. Mit Folie abdecken und weitere 30 Minuten gehen lassen. Die Brötchen werden etwas breit laufen, das ist aber normal.
6. In der Zwischenzeit den Ofen auf 250 °C Ober-/Unterhitze vorheizen.
7. Die Brötchen einschneiden und mit einer Sprühflasche mit etwas Wasser besprühen.
8. Blech auf mittlerer Schiene in den Ofen schieben und Brötchen unter Zugabe von Schwaden 20 Minuten backen, bis sie schön goldbraun sind. Nach 10 Minuten die Tür kurz öffnen, um den Dampf abzulassen.

Wichtiger Hinweis: Die Hefemenge der Brötchen ist so abgestimmt, dass man sie bei Zimmertemperatur (etwa 20–22 °C) die angegebene Zeit gehen lassen kann. Sollte es bei dir deutlich wärmer sein, würde ich empfehlen, die Hefemenge auf 3 g frische Hefe zu erhöhen, dafür die Brötchen aber nach 1 Stunde bei Zimmertemperatur lieber weiter im Kühlschrank gehen zu lassen. Ansonsten genauso verfahren, die Stückgare erhöht sich dann aber vermutlich auf 1 Stunde.

KÄSEBRÖTCHEN

Wer kennt sie nicht aus der Schulzeit, die leckeren Käsebrötchen? Doch die schmecken Jung und Alt.

Stockgare: 45 Min. | Stückgare: 45 Min. | Backzeit: 22–25 Min.

ZUTATEN FÜR 9 STÜCK:

150 g Milch (aus dem Kühlschrank)
150 g Wasser (Zimmertemperatur)
10 g frische Hefe
500 g Weizenmehl Type 550 oder Dinkelmehl Type 630
10 g Zucker
10 g Salz
10 g Butter
120 g geriebener Gouda
Pflanzenöl zum Bestreichen

ZUM BESTREICHEN:

1 Ei (Größe M)
1 EL Milch

1. Milch und Wasser in die Knetschüssel einer Küchenmaschine gießen und die Hefe darin mithilfe eines Schneebesens auflösen.
2. Die restlichen Zutaten, bis auf den Käse, dazugeben und 3 Minuten auf Stufe 1 vermischen, dann 7 Minuten auf Stufe 2 kneten.
3. Den Teig abgedeckt 45 Minuten ruhen lassen.
4. Teig auf eine bemehlte Arbeitsfläche geben und mit einer Teigkarte 9 Portionen à 93 g abstechen.
5. Aus den Teiglingen runde Brötchen formen. Die Brötchen mit ausreichend Abstand zueinander auf ein mit Backpapier ausgelegtes Blech setzen.
6. Die Oberfläche mit ein wenig Pflanzenöl einreiben, die Brötchen mit Folie abdecken und 45 Minuten bei Zimmertemperatur gehen lassen. Das Öl verhindert, dass die Folie klebt. Nach 10 Minuten die Brötchen etwas flach drücken.
7. Backofen auf 220 °C Ober-/Unterhitze vorheizen.
8. Ei und Milch in einer Schüssel mit dem Stabmixer aufmixen. Die Brötchen mit der Eistreiche einpinseln und großzügig mit dem Käse bestreuen.
9. Brötchen unter Zugabe von Schwaden 22–25 Minuten im Ofen backen, bis sie schön goldbraun sind.

DINKEL-VOLLKORNBRÖTCHEN

Diese Brötchen sind unglaublich saftig und lecker. Dieses Rezept hatte ich als 100 000-Abonnenten-Spezial auf meinem YouTube-Kanal. Ich habe allerdings die Rezeptur minimal geändert und auch die Schritte der Zubereitung etwas abgewandelt. Das Ergebnis ist ein noch besseres Brötchen, was Aussehen und Geschmack betrifft.

Vorteig: 1 Std. | Stockgare: 45 Min. | Stückgare: 30 Min. | Backzeit: 20–25 Min.

ZUTATEN FÜR 10 STÜCK:

VORTEIG:
150 g Wasser (35 °C)
1 g frische Hefe
150 g Dinkelvollkornmehl

QUELL- UND BRÜHSTÜCK:
100 g Sonnenblumenkerne
kochendes Wasser
30 g geschrotete Leinsamen
60 g kaltes Wasser

HAUPTTEIG:
150 g Wasser (Zimmertemperatur)
9 g frische Hefe
300 g Dinkelvollkornmehl
50 g Dinkelmehl Type 630
10 g Salz
10 g Olivenöl

Vorteig:

1. Das Wasser in eine Schüssel geben und die Hefe darin mithilfe eines Schneebesens auflösen.
2. Das Vollkornmehl mit einem Holzlöffel einrühren und Vorteig abgedeckt 1 Stunde an einem warmen Ort stehen lassen.

Quell- und Brühstück:

1. Die Sonnenblumenkerne in eine Schüssel geben und mit so viel kochendem Wasser übergießen, dass sie gut damit bedeckt sind.
2. Die Leinsamen in eine extra Schüssel geben und mit dem kalten Wasser vermischen. Beides quellen lassen, bis der Vorteig so weit ist.

Hauptteig:

1. Das Wasser in die Knetschüssel einer Küchenmaschine gießen und die Hefe darin mithilfe eines Schneebesens auflösen, den Vorteig dazugeben.

▶

2. Die Sonnenblumenkerne in einem Sieb gut abtropfen lassen und mit den Leinsamen (müssen nicht abgetropft werden) und den übrigen Zutaten in die Schüssel geben. 5–7 Minuten auf Stufe 1 kneten.

3. Den Teig abgedeckt 45 Minuten gehen lassen.

4. Teig auf eine leicht bemehlte Arbeitsfläche geben und mit einer Teigkarte 10 Portionen à 100 g abstechen.

5. Die Brötchen rundwirken und auf 2 mit Backpapier belegte Bleche verteilen. Mit einem Tuch und einer Folie abdecken und 30 Minuten gehen lassen.

6. Den Ofen auf 240 °C Ober-/Unterhitze vorheizen.

7. Die Brötchen, bevor sie in den Ofen kommen, einschneiden und mit Wasser besprühen.

8. 1 Blech auf der mittleren Schiene in den Ofen schieben und Brötchen unter Zugabe von Schwaden 10 Minuten backen. Nach 10 Minuten die Tür öffnen, den Dampf herauslassen und Brötchen weitere 10–15 Minuten bei 220–200 °C backen. Mit dem zweiten Blech ebenso verfahren.

WELTMEISTERBRÖTCHEN

Diese Brötchen sind extrem knusprig und saftig. Der Teig wird abends gemacht, und morgens müssen die Brötchen nur noch frisch gebacken werden.

Vorteig: 1 Std. | Stockgare: 1 Std. | Stückgare: 10–12 Std. im Kühlschrank + 45 Min. bei Zimmertemperatur | Backzeit: 20 Min.

ZUTATEN FÜR 8 STÜCK:

QUELLSTÜCK:

25 g geschrotete Leinsamen
40 g Sonnenblumenkerne
150 g kochendes Wasser

TEIG:

300 g Dinkelmehl Type 630 oder Weizenmehl Type 550
200 g Dinkelvollkornmehl oder Weizenvollkornmehl
10 g Salz
3 g frische Hefe
180 g Wasser (Zimmertemperatur)
20 g Zuckerrübensirup

ZUM BESTREUEN:

50 g Sonnenblumenkerne
30 g Mohn
40 g Sesam

1. Die Leinsamen mit den Sonnenblumenkernen in eine Schüssel geben und mit kochendem Wasser übergießen. Auf die Seite stellen und quellen lassen, bis der Vorteig so weit ist.

2. In der Knetschüssel einer Küchenmaschine die beiden Mehle und das Salz von Hand vermischen.

3. In einer separaten Schüssel die Hefe mithilfe eines Schneebesens im Wasser auflösen.

4. In dem Mehl eine Kuhle bilden, das Hefewasser und den Zuckerrübensirup hineingeben und mit einer Gabel so viel Mehl hineinmischen, bis ein flüssiger Vorteig entstanden ist.

5. Den Vorteig mit dem trockenen Mehl komplett abdecken und 1 Stunde gehen lassen (eine Folie ist hier nicht nötig).

6. Leinsamen und Sonnenblumenkerne mit der Aufgussflüssigkeit in die Knetschüssel geben und in der Küchenmaschine 5 Minuten auf Stufe 1 kneten.

7. Den Teig abdecken und 1 Stunde bei Zimmertemperatur gehen lassen.

8. Teig auf eine bemehlte Arbeitsfläche geben und mit einem Nudelholz auf ein 2 cm dickes Rechteck von etwa 20 × 30 cm Größe ausrollen. Mit einer Teigkarte den Teig einmal der Länge nach halbieren. Dann quer 4 Mal durchstechen, sodass 8 rechteckige Brötchen entstehen.

9. Die Oberfläche der Brötchen mit etwas Wasser einpinseln und mit Sonnenblumenkernen bestreuen. Mit der Hand leicht andrücken. Die Brötchen umdrehen, wieder mit Wasser einpinseln und mit Mohn und Sesam bestreuen.

10. Brötchen auf ein mit Backpapier belegtes Blech setzen, mit Folie abdecken und im Kühlschrank über Nacht 10–12 Stunden bei 5–6 °C gehen lassen.

11. Am nächsten Morgen die Brötchen aus dem Kühlschrank nehmen und 45 Minuten bei Zimmertemperatur gehen lassen.

12. Währenddessen den Backofen auf 250 °C Ober-/Unterhitze vorheizen.

13. Die Brötchen unter Zugabe von Schwaden auf mittlerer Schiene etwa 20 Minuten im Ofen backen. Nach 10 Minuten die Tür öffnen und den Dampf ablassen.

TOMATEN-OLIVEN-BRÖTCHEN

Diese Brötchen sind sehr saftig und schmecken einfach nach Sommer. Sie passen perfekt zu Käse und Schinken und sind die ideale Beilage bei einem gemütlichen Grillabend.

Stockgare: 1 Std. | Stückgare: 20–30 Min. | Backzeit: 20–25 Min.

ZUTATEN FÜR 10 STÜCK:

300 g Wasser (Zimmertemperatur)
10 g frische Hefe
500 g Dinkelmehl Type 630
10 g Salz
1 TL getrockneter Oregano
10 g Olivenöl
Öl für die Schüssel

FÜLLUNG:

100 g getrocknete Tomaten in Öl (Abtropfgewicht)
70 g schwarze Oliven (ohne Stein)
etwas Parmesan (etwa 10–20 g)

1. Das Wasser in die Knetschüssel einer Küchenmaschine geben und die Hefe darin mithilfe eines Schneebesens auflösen. Die restlichen Teigzutaten dazugeben und auf Stufe 1 etwa 10 Minuten kneten, bis ein glatter Teig entstanden ist.

2. Teig zu einer Kugel formen und abgedeckt in einer leicht geölten Schüssel 1 Stunde bei Zimmertemperatur gehen lassen.

3. Die Tomaten in einem geeigneten Gefäß mit dem Stabmixer zu einer Paste pürieren. Die Oliven in dünne Scheiben schneiden.

4. Teig auf eine bemehlte Arbeitsfläche geben und mit einem Nudelholz auf ein Rechteck von etwa 40 × 30 cm Größe ausrollen. Den Teig mit der Tomatenpaste bestreichen. Dabei am oberen Ende etwa 5 cm frei lassen. Die Oliven gleichmäßig darauf verteilen. Parmesan nach Geschmack darüberreiben. Das Rechteck von der langen Seite unten etwa 1–2 cm weit einschlagen und dann aufrollen.

5. Die Teigrolle mit einem Messer in 10 Stücke von etwa 4 cm Breite schneiden. Die Brötchen auf ein mit Backpapier belegtes Blech setzen und abgedeckt mit einem Tuch 20–30 Minuten gehen lassen.

6. Backofen auf 230 °C Ober-/Unterhitze vorheizen.

7. Die Brötchen unter Zugabe von Schwaden 20 Minuten auf mittlerer Schiene im Ofen backen. Nach 20 Minuten die Ofentür öffnen und Dampf ablassen. Die Hitze auf 200 °C herunterdrehen und Brötchen weitere 5 Minuten backen.

DIE PERFEKTEN BRIOCHE-BURGERBRÖTCHEN

Für einen wirklich guten Burger braucht man unbedingt das passende Brötchen. Ich persönlich mag ein schön weiches Brioche-Brötchen am liebsten. Damit wird der Burger zum Hochgenuss!

Stockgare: 2 Std. | Stückgare: 1 Std. | Backzeit: 12–15 Min.

ZUTATEN FÜR 10 STÜCK:

500 g Weizenmehl Type 550
25 g Zucker
10 g Salz
30 g frische Hefe
225 g Milch (aus dem Kühlschrank)
40 g Butter (Zimmertemperatur)
2 Eier (Größe M)

ZUM BESTREICHEN UND BESTREUEN:

1 Ei
1 EL Milch
Sesam (optional)

1. Mehl, Zucker und Salz in der Knetschüssel einer Küchenmaschine vermischen. In einer separaten Schüssel die Hefe mithilfe eines Schneebesens in der Milch auflösen.

2. Hefemilch mit der Butter und den Eiern zum Mehl geben. 2 Minuten auf Stufe 1 vermischen, danach 8–10 Minuten auf Stufe 2 kneten, bis ein schöner, glatter Teig entstanden ist.

3. Den Teig zu einer Kugel formen und wieder in die Schüssel legen. Abdecken und 2 Stunden bei Zimmertemperatur gehen lassen.

4. Teig auf die Arbeitsfläche geben (ohne zusätzliches Mehl) und mit einer Teigkarte 10 Portionen à 90 g abstechen.

5. Die Teiglinge zu Kugeln formen und mit etwas Abstand zueinander auf 2 mit Backpapier belegte Bleche setzen. Mit Folie abdecken und 15 Minuten ruhen lassen.

6. Dann die Kugeln leicht mit Mehl bestäuben und etwas flach drücken, damit die Brötchen größer werden. Wieder abdecken und weitere 45 Minuten bei Zimmertemperatur gehen lassen.

7. Backofen auf 220 °C Ober-/Unterhitze vorheizen.

8. Ei und Milch in einer Schüssel mit dem Stabmixer aufmixen. Die Brötchen, bevor sie in den Ofen gehen, gut damit einpinseln und mit Sesam bestreuen.

9. 1 Blech in den Ofen schieben und Brötchen auf der mittleren Schiene 12–15 Minuten ohne Schwaden backen, bis sie schön goldbraun sind. Mit dem zweiten Blech ebenso verfahren.

KÜRBIS-MILCH-BRÖTCHEN

Fast jeder liebt Milchbrötchen und Kürbis. Hier haben wir beides vereint. Das Ergebnis sind himmlisch duftende Milchbrötchen mit einer ganz tollen Farbe. Ich habe die Brötchen bewusst mit relativ wenig Zucker gebacken. So eignen sie sich wunderbar auch für einen pikanten Belag wie Wurst und Käse. Sie geben ebenso geniale Burger-Brötchen ab.

Vorteig: 40 Min. | Stockgare: 15 Min. | Stückgare: 30–40 Min. | Backzeit: 20–25 Min.

ZUTATEN FÜR 12 STÜCK:

VORTEIG:
100 g Milch (Zimmertemperatur)
10 g frische Hefe
100 g Weizenmehl Type 550

KÜRBISPÜREE:
150 g Hokkaido-Kürbis (ohne Kerne)
1 EL Zucker
½ Zimtstange

Vorteig:

1. Milch in die Knetschüssel einer Küchenmaschine gießen und die Hefe darin mithilfe eines Schneebesens auflösen. Das Mehl dazugeben und mit einem Holzlöffel zu einem weichen Teig verrühren.

2. Die Schüssel mit einem Deckel oder Folie abdecken und Teig an einem warmen Ort 40 Minuten gehen lassen.

Kürbispüree:

1. Kürbis in Spalten schneiden und in einen kleinen Topf geben. So viel Wasser angießen, bis er damit bedeckt ist, Zucker und Zimtstange zugeben und Wasser aufkochen lassen. Die Temperatur reduzieren und den Kürbis so lange köcheln lassen, bis er schön weich ist. Das dauert etwa 10 Minuten, je nach Dicke der Stücke.

2. Den weichen Kürbis durch ein Sieb abgießen, die Zimtstange entfernen und den Kürbis mit einem Stabmixer, Gemüsestampfer oder im Mixer pürieren. Püree abkühlen lassen.

▶

HAUPTTEIG:

150 g Milch (Zimmertemperatur)
20 g Zucker
10 g Salz
400 g Weizenmehl Type 550
50 g Butter

ZUM BESTREICHEN:

Pflanzenöl
1 Ei
1 EL Milch

Hauptteig:

1. Das Kürbispüree und die restlichen Zutaten des Hauptteiges zu dem Vorteig geben und in der Küchenmaschine 2 Minuten auf Stufe 1 vermischen.

2. Dann 10 Minuten auf Stufe 2 kneten, bis ein geschmeidiger Teig entstanden ist. Teig abdecken und 15 Minuten ruhen lassen.

3. Teig auf eine leicht bemehlte Arbeitsfläche geben und mit einer Teigkarte 12 Portionen à 80 g abstechen. Die Teiglinge rundwirken und auf 2 mit Backpapier ausgelegten Blechen verteilen.

4. Die Oberfläche der Brötchen mit etwas Pflanzenöl bepinseln und mit Folie abdecken. Weitere 30–40 Minuten gehen lassen.

5. Den Backofen auf 180 °C Ober-/Unterhitze vorheizen.

6. Das Ei und die Milch in einer Schüssel mit dem Stabmixer aufmixen. Die Brötchen, bevor sie in den Ofen gehen, gut damit einpinseln.

7. 1 Blech auf mittlerer Schiene in den Ofen schieben und Brötchen backen, bis sie eine schöne Farbe haben. Den Vorgang mit dem zweiten Blech wiederholen.

LAUGENBRÖTCHEN

Diese Laugenbrötchen sind wirklich lecker und doch relativ einfach zuzubereiten. Im Unterschied zu Bäckereien wird hier keine echte Natronlauge verwendet (Natriumhydroxid), sondern ganz normales, harmloses Natron, das in jedem Supermarkt erhältlich ist. Der Umgang mit echter Natronlauge ist nicht ganz ungefährlich, und man sollte sich genau an die Anweisungen halten. Bei dem hier verwendeten Natron musst du dir keine Sorgen machen. Der Geschmack ist trotzdem sehr gut, und auch optisch sind die Laugenbrötchen ein echter Hingucker. Solltest du echte Lauge verwenden, dann darfst du sie bitte niemals erhitzen.

Stockgare: 1 Std. | Stückgare: keine | Backzeit: 20–25 Min.

ZUTATEN FÜR 9 STÜCK:

280 g Wasser (Zimmertemperatur)
15 g frische Hefe
500 g Dinkelmehl Type 630
10 g Salz
15 g Zucker
40 g Butter (Zimmertemperatur)
Öl für die Schüssel
Hagelsalz zum Bestreuen

LAUGE:

2 l Wasser
10 g Salz
60 g Natron

1. Das kalte Wasser in die Knetschüssel einer Küchenmaschine gießen und die Hefe darin mithilfe eines Schneebesens auflösen. Mehl, Salz und Zucker in einer separaten Schüssel vermischen und mit der Butter zu der Flüssigkeit geben. 2 Minuten auf Stufe 1 vermischen und dann 7 Minuten auf Stufe 2 kneten.

2. Teig zu einer Kugel formen. Die Knetschüssel leicht ölen und den Teig darin abgedeckt 1 Stunde bei Zimmertemperatur gehen lassen.

3. Für die Natronlauge das Wasser in einem Topf aufkochen, dann den Topf vom Herd nehmen. Das Salz zugeben und vorsichtig das Natron einrühren, denn es schäumt auf.

4. Teig auf eine Arbeitsfläche geben (zusätzliches Mehl ist hier eigentlich nicht nötig) und mit einer Teigkarte 9 Portionen à 90 g abstechen. Die Teiglinge rundwirken und auf ein mit Backpapier belegtes Blech setzen.

5. Den Backofen auf 220 °C Ober-/Unterhitze vorheizen.

▶

6. Die Natronlauge wieder auf den Herd stellen und die Brötchen jeweils 30 Sekunden in die leicht köchelnde Lauge tauchen. Mit einer Schaumkelle herausheben, abtropfen lassen und wieder auf das Blech geben. Nochmals mit der Lauge einpinseln, mit Hagelsalz bestreuen und kreuzweise mit einem scharfen Messer oder einer Rasierklinge einschneiden.

7. Brötchen auf mittlerer Schiene ohne Schwaden im Ofen 20–25 Minuten backen.

SCHOKOLADENBRÖTCHEN

Schokoladenbrötchen gehören zu den Dingen, denen man einfach nicht widerstehen kann.

Stockgare: 1 Std. | Stückgare: 30 Min. | Backzeit: 18–20 Min.

ZUTATEN FÜR 10 STÜCK:

500 g Weizenmehl Type 550
40 g Zucker
10 g Vanillezucker
5 g Salz
30 g frische Hefe
225 g Milch (Zimmertemperatur)
2 Eier (Größe M)
70 g Butter (Zimmertemperatur)
150 g backfeste Schokotröpfchen
Öl für die Schüssel und zum Bestreichen

ZUM BESTREICHEN:

1 Ei
1 EL Milch

1. In der Knetschüssel einer Küchenmaschine Mehl, Zucker, Vanillezucker und Salz vermischen. In einer separaten Schüssel die Hefe mithilfe eines Schneebesens in der Milch auflösen.

2. Hefemilch zu dem Mehl geben, die Eier ebenfalls zufügen, und alles mit dem Knethaken 3 Minuten auf Stufe 1 vermischen. Dann 5 Minuten auf Stufe 2 kneten. Nach 5 Minuten die Butter dazugeben und weitere 3–5 Minuten kneten, bis der Teig schön elastisch ist. Die Schokolade zum Schluss dazugeben und nur noch so lange kneten, bis sie gut im Teig verteilt ist. Teig zu einer Kugel formen und in einer leicht geölten Schüssel abgedeckt 1 Stunde bei Zimmertemperatur gehen lassen.

3. Teig auf eine leicht bemehlte Arbeitsfläche geben und mit einer Teigkarte 10 Portionen à 106 g abstechen. Die Teiglinge zu runden Brötchen formen und mit dem Schluss nach unten auf ein mit Backpapier belegtes Blech setzen.

4. Mit Folie abdecken (die Brötchen mit etwas Pflanzenöl leicht einreiben, dann klebt die Folie nicht) und 30 Minuten gehen lassen.

5. Backofen auf 180 °C Ober-/Unterhitze vorheizen.

6. Ei und Milch in einer Schüssel mit dem Stabmixer aufmixen. Die Brötchen damit einpinseln und im Backofen unter Zugabe von Schwaden etwa 18–20 Minuten backen, bis sie goldbraun sind.

Gebäck

Salzig

DINKEL-BAGELS

Ich liebe Bagels, vor allem mit Frischkäse und Räucherlachs. Das Besondere an diesem Gebäck ist, dass es kurz gekocht wird. Das verhindert, dass die Bagels zu stark aufgehen, und so bekommen sie einen ganz besonderen Glanz und Geschmack sowie die typische, etwas gummiartige Konsistenz.

Stockgare: 1 Std. | Stückgare: 20 Min. | Backzeit: 14–16 Min.

ZUTATEN FÜR 9 STÜCK:

240 g Wasser (Zimmertemperatur)
10 g frische Hefe
13 g Honig
13 g Zucker
480 g Dinkelmehl Type 630
10 g Salz

ZUM KOCHEN:

1,3 l Wasser
20 g Honig

ZUM BESTREICHEN UND BESTREUEN:

1 Eigelb
1 EL Milch
etwas Sesam (schwarz und weiß) oder Mohn

1. Wasser in die Knetschüssel einer Küchenmaschine gießen und Hefe, Honig und Zucker darin mit einem Schneebesen auflösen.

2. In einer separaten Schüssel das Mehl mit dem Salz vermischen. Zu der Flüssigkeit in der Knetschüssel geben und 7 Minuten auf Stufe 1 kneten.

3. Den Teig zu einer Kugel formen, wieder in die Schüssel legen und abgedeckt 1 Stunde bei Zimmertemperatur gehen lassen.

4. Teig auf eine leicht bemehlte Arbeitsfläche geben und 9 Portionen à 84 g abstechen. Die Teiglinge rund formen und auf ein mit Backpapier belegtes Blech setzen. Abgedeckt 20 Minuten bei Zimmertemperatur gehen lassen.

5. Zum Formen die Teiglinge auf der Arbeitsfläche leicht mehlieren. Den Zeigefinger in der Mitte des Teiges bis auf die Arbeitsfläche durchstechen und dann den Finger schnell im Kreis drehen, anschließend den Bagel hochheben, von links und rechts jeweils den Zeigefinger durchstecken und durch Kreisen der Finger das Loch auf ca. Ø 3 cm vergrößern. Nach diesem Verfahren 9 Bagels formen.

6. In der Zwischenzeit das Wasser in einen Topf füllen, zum Kochen bringen und den Honig hineingeben.

▶

7. Die Bagels zuerst mit der Oberseite nach unten in das kochende Wasser geben und 1 Minute leicht köcheln lassen. Dann umdrehen und die andere Seite ebenfalls 1 Minute köcheln lassen. Nur so viele Bagels auf einmal kochen, wie an der Oberfläche Platz haben.
8. Mit einer Schaumkelle herausnehmen, abtropfen lassen und auf das mit Backpapier belegte Blech setzen.
9. Den Backofen auf 230 °C Ober-/Unterhitze vorheizen.
10. Eigelb und Milch in einer Schüssel mit dem Stabmixer aufmixen. Die Bagels damit einpinseln und mit Sesam oder Mohn bzw. einer Mischung aus beidem bestreuen.
11. Auf mittlerer Schiene im Ofen in 14–16 Minuten goldbraun backen.

SCONES

Scones sind eigentlich ein klassisches englisches Teegebäck. Es gibt sie in unzähligen Varianten. Wir essen sie auch sehr gerne zum Frühstück, am liebsten mit Butter und Marmelade. Traditionell werden sie mit Clotted Cream serviert. Dieses Rezept lässt sich kinderleicht mit einem Food Processor umsetzen, es funktioniert aber auch mit der Hand.

Vorbereitungszeit: 10 Min. | Backzeit: 18–20 Min.

ZUTATEN FÜR 8–10 STÜCK:

250 g Dinkelmehl Type 630
50 g Dinkelvollkornmehl
5 g Natron
20 g Zucker
2 g Salz
75 g kalte Butter
180 g Buttermilch (aus dem Kühlschrank)

1. Alle trockenen Zutaten in den Food Processor geben und vermischen. Die kalte Butter in Würfel schneiden und ebenfalls dazugeben. So lange mischen, bis die Butter sich komplett verteilt hat. (Ohne Maschine die trockenen Zutaten in einer Schüssel vermischen und die kalte Butter dann schnell mit den Fingerspitzen in das Mehl reiben.)
2. Die Mehlmischung in eine Schüssel umfüllen, die Buttermilch dazugeben und mit einer Gabel verrühren, bis der Teig zusammenhält. Jetzt nur noch mit der Hand alles kurz zusammenkneten. Wichtig ist, nicht zu viel zu kneten. Der Teig soll nur zusammenhalten.
3. Teig auf eine bemehlte Arbeitsfläche geben und mit einem Nudelholz auf etwa 3 cm Dicke ausrollen. Die Oberfläche des Teiges leicht mehlieren. Einen Metallring oder Ausstecher mit ca. Ø 6 cm in Mehl tauchen und damit Scones ausstechen. Dabei nach Möglichkeit den Ring beim Ausstechen nicht drehen, sondern nur gerade herunterdrücken.
4. Die Scones auf einem mit Backpapier belegten Backblech verteilen. Übrig gebliebenen Teig erneut zusammendrücken, ohne ihn viel zu kneten, und weitere Scones ausstechen.

▶

5. Währenddessen den Backofen auf 200 °C Ober-/Unterhitze vorheizen.
6. Die Scones 18–20 Minuten auf mittlerer Schiene im Ofen backen, bis sie goldbraun sind.
7. Die noch heißen Scones in eine mit einem Küchentuch ausgelegte Brotschale geben und mit dem Tuch abgedeckt 5 Minuten stehen lassen, bis man sie genießen kann. Durch den Dampf bleiben sie so schön weich.

Thomas KOCHT

Die britischen Klassiker können nicht nur süß gegessen werden, sondern schmecken auch herzhaft ausgezeichnet: Man kann sie entweder mit Tomaten und Käse servieren oder auch mit Lachs belegen. Die Zuckermenge im Rezept ist optimal für beide Varianten angepasst.

SIMIT – TÜRKISCHE SESAMKRINGEL

Simit sind unglaublich leckere Sesamkringel, die in der Türkei weit verbreitet sind. Sie werden gerne mit Schafskäse und zu schwarzem Tee gegessen. Tatsächlich sind sie relativ einfach herzustellen, und es geht auch recht schnell, da der Teig nicht sehr lange gehen muss. Es gibt ein Video dazu auf meinem YouTube-Kanal. Das kann beim Formen der Simit hilfreich sein.

Stockgare: 30 Min. | Stückgare: 10 Min. | Backzeit: 18–20 Min.

ZUTATEN FÜR 7 STÜCK:

500 g Weizenmehl Type 550
10 g Salz
10 g frische Hefe
300 g lauwarmes Wasser (25 °C)

ZUM TUNKEN UND BESTREUEN:

250 g Sesam
etwa 50 g Pegmez (Traubensirup, gibt es im türkischen Laden) oder Zuckerrübensirup
etwa 30 g Wasser
1 EL Mehl

1. Mehl und Salz in der Knetschüssel einer Küchenmaschine vermischen. In einer separaten Schüssel die Hefe mithilfe eines Schneebesens in dem Wasser auflösen. Dann zum Mehl geben. Mit dem Knethaken alles 2 Minuten auf Stufe 1 vermischen und dann 8 Minuten auf Stufe 2 kneten.

2. Teig zu einer Kugel formen, wieder in die Knetschüssel legen und abgedeckt 30 Minuten bei Zimmertemperatur gehen lassen.

3. Sesam in einer Pfanne ohne Öl rösten. Sobald er Farbe angenommen hat, sofort auf einen tiefen Teller schütten und abkühlen lassen.

4. Teig auf eine leicht bemehlte Arbeitsfläche geben und mit einer Teigkarte 7 Portionen à 117 g abstechen. Die Teigstücke etwas flach drücken und unter Spannung zu einem kleinen Packet aufrollen. Teiglinge abgedeckt noch mal 5 Minuten entspannen lassen.

5. In der Zwischenzeit in einem tiefen Teller Pegmez, Wasser und Mehl mit einem Schneebesen verrühren.

6. Die Teigpäckchen leicht mehlieren und zu etwa fingerdicken Strängen dünn ausrollen. Die Stränge sollten eine Länge von 70–80 cm haben. Einen Strang nehmen und die Enden nebeneinander legen, sodass an einem Ende eine Schlaufe entsteht und am anderen Ende zwei lose Enden sind. Einen Finger in die Schlaufe stecken, die losen Enden in die andere Hand nehmen. Dann beide Hände gegeneinender drehen. Die losen Enden durch die Schlaufe stecken und den Teig etwas zusammendrücken, sodass ein Ring entsteht.

7. Die so entstandenen Teigringe erst in der Pegmez-Tunke und dann im Sesam wenden. Die Sesamringe auf 2 mit Backpapier ausgelegten Blechen verteilen und 10 Minuten ruhen lassen.

8. Den Ofen auf 250 °C Ober-/Unterhitze vorheizen.

9. Die Simit vor dem Einschieben in den Ofen mit der Hand leicht flach drücken. Erst 1 Blech unter Zugabe von Schwaden auf mittlerer Schiene in den Ofen schieben. Die Temperatur auf 230 °C herunterdrehen und die Simit in 18–20 Minuten goldbraun backen.

10. Während ein Blech im Ofen ist, das zweite idealerweise kalt stellen. Dann die restlichen Simit ebenso backen.

BREZELN

Super lecker. Und es ist auch gar nicht so schwer, wie man denkt. Statt echter Natronlauge (Natriumhydroxid), die im Umgang nicht ganz ungefährlich ist, backe ich meine Brezeln wie auch meine Laugensemmeln mit einer Lauge aus gewöhnlichem Backnatron. Du kannst das gleiche Rezept natürlich auch mit echter Lauge zubereiten. Nur darf die Lauge dann unter keinen Umständen erhitzt werden. Geschmacklich finde ich die Brezeln mit der Backnatron-Lauge hervorragend.

Stockgare: 1 Std. | Stückgare: keine | Backzeit: ca. 20 Min.

ZUTATEN FÜR 8 STÜCK:

500 g Weizenmehl Type 550
10 g Salz
15 g Zucker
30 g Butter (Zimmertemperatur)
15 g frische Hefe
250 g Milch (Zimmertemperatur)
Öl für die Schüssel
Meersalz oder Hagelsalz

LAUGE:
2 l Wasser
15 g Salz
40 g Natron

1. Mehl, Salz und Zucker in der Knetschüssel einer Küchenmaschine vermischen. Die Butter dazugeben. In einer separaten Schüssel die Hefe mithilfe eines Schneebesens in der Milch auflösen, dann ebenfalls zum Mehl geben. 2 Minuten auf Stufe 1 vermischen und dann weitere 8 Minuten auf Stufe 2 kneten, bis ein geschmeidiger Teig entstanden ist.

2. Den Teig auf der Arbeitsfläche zu einer Kugel formen und in eine leicht geölte Schüssel legen. Abgedeckt bei Zimmertemperatur 1 Stunde gehen lassen.

3. Teig auf die leicht bemehlte Arbeitsfläche geben und in 8 Portionen à 100 g zerteilen. Die Teigstücke flach drücken, unter Spannung aufrollen und den Schluss zusammendrücken. Die Stücke zu etwa 50 cm langen Strängen rollen. Die Mitte des Stranges sollte dabei dicker sein als die Enden. Aus den Strängen Brezeln formen, dazu beide Enden jedes Strangs einmal verdrehen und dann die Enden am Bauch festdrücken. Dazu gibt es auf meinem YouTube-Kanal auch ein Video.

4. Während die Brezeln geformt werden, das Wasser für die Lauge in einem Topf zum Kochen bringen. Wenn das Wasser kocht, den Topf vom Herd nehmen und Salz und Natron hineingeben. (Achtung, es schäumt!) Topf wieder auf den Herd stellen, und die Brezeln mit einer Schaumkelle jeweils 1 Minuten in die köchelnde Lauge tauchen. Die Brezeln mit der Kelle unter Wasser drücken, damit beide Seiten von der Lauge abbekommen.

5. Währenddessen den Backofen mit Pizzastein auf 220 °C Ober-/Unterhitze vorheizen.

6. Brezeln aus der Lauge nehmen, abtropfen lassen und auf ein Backpapier legen. Nochmals mit der Lauge einpinseln und mit Meersalz oder Hagelsalz bestreuen. Brezeln am besten mit dem Backpapier auf einen heißen Pizzastein ziehen und 20 Minuten im Ofen backen, bis sie schön goldbraun sind. Alternativ die Brezeln auf ein heißes Backblech ziehen.

Thomas KOCHT

Du kannst die Brezeln auch einfrieren, nachdem sie in der Lauge waren. Dann bei Bedarf auf einem Blech auftauen lassen, mit Salz bestreuen und backen.

ELSÄSSER FLAMMKUCHEN

Ich bin ein Fan von Elsässer Flammkuchen, und das Schöne daran ist, dass der Teig ohne Hefe auskommt und daher nicht gehen muss. So kann man auch mal ganz spontan zu Hause Flammkuchen zaubern. Den Teig kann man natürlich nach Belieben belegen.

Teigruhe: 30 Min. | Backzeit: 5–8 Min.

ZUTATEN FÜR 2 STÜCK:

125 g Wasser (Zimmertemperatur)
5 g Salz
2 EL Olivenöl
250 g Weizenmehl Type 550

BELAG:
200 g Speck
1 Zwiebel
2 Frühlingszwiebeln
250 g Crème fraîche (30 % Fett)
Salz, Pfeffer

1. Wasser, Salz und Öl in eine Schüssel geben und mit einem Schneebesen verrühren, bis sich das Salz aufgelöst hat.
2. Das Mehl dazugeben und mit einem Holzlöffel verrühren, bis alles Mehl gebunden ist. Danach den Teig auf eine Arbeitsfläche geben und von Hand 5 Minuten gut durchkneten, bis ein geschmeidiger Teig entstanden ist. (Ich empfehle, den Teig von Hand zu kneten, da viele Maschinen mit so einem festen Teig nicht klarkommen.) Teig in Klarsichtfolie einschlagen und im Kühlschrank 30 Minuten ruhen lassen.
3. In der Zwischenzeit den Speck in dünne Streifen schneiden und beiseitestellen.
4. Die Zwiebel schälen und in dünne Ringe oder Würfel schneiden. Die Frühlingszwiebeln waschen, putzen und in feine Ringe schneiden.
5. Die Crème fraîche in einer Schüssel glatt rühren und mit Salz und Pfeffer würzen.
6. Backofen auf 260 °C Ober-/Unterhitze vorheizen und ein Backblech umgedreht mit in den Ofen geben, damit es richtig heiß wird.

7. Teig in 2 Portionen teilen und mit einem Nudelholz auf einer mehlierten Arbeitsfläche möglichst dünn ausrollen (etwa 1 mm).

8. Die Teigplatten jeweils auf Backpapier legen, mit der Crème fraîche bestreichen und mit Speck und Zwiebeln belegen. Mit einem Pizzaschieber oder einem Schneidebrett 1 Flammkuchen samt Backpapier auf das heiße Blech gleiten lassen und in 5–8 Minuten schön knusprig backen.

9. Den fertigen Flammkuchen aus dem Ofen holen, mit den Frühlingszwiebeln garnieren und sofort genießen. Den zweiten Flammkuchen ebenso backen.

TÜRKISCHE PIDE MIT SPINAT UND SCHAFSKÄSE

Pide sind gefüllte Teigschiffchen, die es in allen möglichen Varianten gibt. Ich habe mich hier für eine Mischung aus Spinat, Lauch und Schafskäse entschieden. Der Lauch ist sicher nicht ganz original türkisch, schmeckt aber sehr gut.

Stockgare: 1 Std. | Zwischengare: 10 Min. | Stückgare: keine | Backzeit: ca. 20 Min.

ZUTATEN FÜR 4 STÜCK:

TEIG:

250 g Wasser (Zimmertemperatur)
10 g frische Hefe
20 g Olivenöl oder Sonnenblumenöl
50 g Naturjoghurt (3,5 % Fett)
500 g Weizenmehl Type 550
10 g Salz

FÜLLUNG:

500 g frischer Spinat
2 Stangen Lauch
1 Zwiebel
1 Knoblauchzehe
40 g Butter
Salz, Pfeffer
frisch geriebene Muskatnuss
500 g Schafskäse

1. Wasser, Hefe, Öl und Joghurt in die Knetschüssel einer Küchenmaschine geben und mit einem Schneebesen verrühren.

2. In einer separaten Schüssel Mehl und Salz vermischen und in die Knetschüssel geben. Mit der Küchenmaschine 2 Minuten auf Stufe 1 vermischen, dann 8 Minuten auf Stufe 2 kneten.

3. Teig zu einer Kugel formen, wieder in die Schüssel geben und abgedeckt 1 Stunde gehen lassen.

4. In der Zwischenzeit die Füllung vorbereiten. Spinat waschen, verlesen und gut trocken schleudern. Lauch längs halbieren, gründlich waschen und abtropfen lassen. Dann in feine Streifen schneiden. Zwiebel und Knoblauch schälen und in feine Würfel schneiden.

ZUM BESTREICHEN UND BESTREUEN:

1 Ei

1 EL Milch

etwas Sesam

5. In einer großen Pfanne die Butter schmelzen und die Zwiebel und den Knoblauch darin anschwitzen, ohne Farbe annehmen zu lassen. Den Lauch dazugeben, etwas salzen und 2 Minuten anschwitzen. Den Spinat dazugeben (notfalls in mehreren Portionen), einen Deckel aufsetzen und Spinat zusammenfallen lassen. Den Deckel entfernen und alles so lange garen, bis der Spinat komplett zusammengefallen und der Lauch weich ist.

6. Die Füllung in ein Sieb geben, abtropfen lassen und überschüssige Flüssigkeit zusätzlich mit einem Holzlöffel etwas ausdrücken. Die Füllung auskühlen lassen, dann in eine Schüssel geben und mit Salz, Pfeffer und Muskatnuss würzen. Die Hälfte des Käses in die Füllung bröseln.

7. Teig auf die leicht bemehlte Arbeitsfläche geben und in 4 ungefähr gleich große Stücke aufteilen. Teiglinge zu Kugeln formen und abgedeckt 10 Minuten ruhen lassen.

8. Währenddessen Ei und Milch in einer Schüssel mit dem Stabmixer aufmixen.

9. Backofen auf 220 °C Ober-/Unterhitze vorheizen.

10. Teigkugeln jeweils mit einem Nudelholz zu einer ovalen Form ausrollen. Der Teig sollte etwa 2 mm dick sein.

11. Die Füllung auf den Ovalen verteilen, dabei rundum etwa 2 cm frei lassen. Den freien Teig nach innen umschlagen und an den langen Enden zusammendrücken, sodass kleine Schiffchen entstehen. Den restlichen Schafskäse auf der Füllung verteilen.

12. Teig mit der Eistreiche einpinseln und mit Sesam bestreuen.

13. Die Pide auf 2 mit Backpapier belegten Blechen verteilen und nacheinander im Ofen jeweils 20 Minuten backen, bis der Teig schön goldgelb ist.

Immer nur ein Blech auf einmal im Ofen backen. Sonst wird die Farbe nicht so schön.

Gebäck

süß

BRIOCHE

Eines der leckersten Gebäcke überhaupt und ein absoluter Klassiker der französischen Backkunst sind Brioches. Durch die viele Butter und die Eier ist der Teig nicht so ganz einfach zu handhaben. Aber mit meinen Tipps und Tricks wird auch dir eine hervorragende Brioche gelingen.

Stockgare: 30 Min. bei Zimmertemperatur + 8–10 Std. im Kühlschrank | Stückgare: 1 ½ Std. | Backzeit: 40–45 Min.

ZUTATEN FÜR 1 KASTENFORM (30 × 10 × 8 CM):

400 g Weizenmehl Type 550
100 g Weizenmehl Type 1050
10 g Salz
70 g Zucker
150 g Eier (entspricht 3 Eier Größe M)
20 g frische Hefe
135 g Milch (Zimmertemperatur)
150 g Butter (Zimmertemperatur)
Butter für die Form

ZUM BESTREICHEN:

1 Ei
1 EL Milch

1. In der Knetschüssel einer Küchenmaschine Mehl, Salz und Zucker vermischen. Die Eier dazugeben.
2. In einer separaten Schüssel die Hefe mithilfe eines Schneebesens in der Milch auflösen und dann in die Knetschüssel geben. Die Butter in kleine Stücke schneiden und beiseitestellen. Den Teig 3–4 Minuten auf Stufe 1 vermischen. Dann weitere 7–8 Minuten auf Stufe 2 kneten. Eventuell zwischendurch mal den Teig vom Rand lösen. Der Teig sollte jetzt schon einigermaßen elastisch sein. Nach der Knetzeit den Teig abdecken und 10 Minuten ruhen lassen. Die Maschine wieder auf Stufe 2 stellen und jetzt nach und nach die Butter dazugeben. Das sollte weitere 6–8 Minuten dauern.
3. Teig zu einer Kugel formen, in eine geölte Schüssel geben und abgedeckt bei Zimmertemperatur 30 Minuten gehen lassen.
4. Danach den Teig abgedeckt im Kühlschrank 8–10 Stunden bei 5–6 °C gehen lassen.
5. Teig aus dem Kühlschrank nehmen, auf eine bemehlte Arbeitsfläche geben und in 3 Portionen à etwa 320 g zerteilen.

6. Die Teiglinge zu Kugeln formen und in eine gebutterte Kastenform legen. Eine Schale mit heißem Wasser (heiß aus dem Wasserhahn, nicht kochend) in den Ofen stellen und die Brioche im Ofen etwa 1 ½ Stunden bei 25–27 °C gehen lassen. Das Wasser verhindert, dass die Brioche antrocknet.
7. Brioche aus dem Ofen nehmen und Backofen auf 180 °C Ober-/Unterhitze vorheizen.
8. Ei und Milch in einer Schüssel mit dem Stabmixer aufmixen und die Brioche damit vorsichtig einpinseln.
9. Auf mittlerer Schiene in den Ofen schieben und 40–45 Minuten backen.
10. 5 Minuten in der Form auskühlen lassen, danach aus der Form heben und auf einem Gitter vollständig auskühlen lassen.

HEFEZOPF

Ein guter Hefezopf mit Butter und Marmelade ist ein Highlight zu jedem Frühstück. Das geht das ganze Jahr über, nicht nur zu Ostern. Du kannst den Zopf natürlich nach Belieben auch mit Hagelzucker oder Mandeln bestreuen.

Stockgare: 1 Std. | Zwischengare: 10 Min. | Stückgare: 45 Min. | Backzeit: 25–30 Min.

ZUTATEN FÜR 2 STÜCK:

500 g Weizenmehl Type 550
70 g Zucker
4 g Salz
1 EL Vanillezucker
20 g frische Hefe
250 g Milch (aus dem Kühlschrank)
70 g Butter (Zimmertemperatur)
1 Eigelb
etwas Zitronenabrieb
Öl für die Schüssel

ZUM BESTREICHEN:
1 Ei
1 EL Milch

1. Mehl, Zucker, Salz und Vanillezucker in der Knetschüssel einer Küchenmaschine vermischen. In einer separaten Schüssel die Hefe mithilfe eines Schneebesens in der Milch auflösen, dann zum Mehl geben. Butter, Eigelb und etwas Zitronenabrieb ebenfalls hinzugeben. 2 Minuten auf Stufe 1 vermischen, anschließend 7–10 Minuten auf Stufe 2 kneten, bis ein geschmeidiger Teig entstanden ist.

2. Den Teig zu einer Kugel formen und abgedeckt in einer leicht geölten Schüssel 1 Stunde bei idealerweise 25 °C gehen lassen.

3. Teig auf eine leicht bemehlte Arbeitsfläche geben und in 6 Portionen à 160 g zerteilen. Die Teiglinge flach drücken und unter Spannung einrollen. Den Schluss zusammendrücken und die so entstandenen Rollen abgedeckt 10 Minuten ruhen lassen.

4. Anschließend die Teiglinge zu 30–40 cm langen Strängen rollen. Aus jeweils 3 Strängen 1 Zopf flechten. Anfang und Ende dabei gut zusammenpressen.

5. Die Zöpfe auf ein mit Backpapier belegtes Blech legen und mit Folie abgedeckt 45 Minuten gehen lassen.

6. Den Backofen auf 200 °C Ober-/Unterhitze vorheizen.

7. Ei und Milch in einer Schüssel mit dem Stabmixer aufmixen und die Zöpfe damit gut einpinseln.

8. Das Blech mit den Zöpfen auf die mittlere Schiene im Ofen schieben und die Hitze auf 190 °C herunterdrehen. Zöpfe 25–30 Minuten backen, bis sie eine schöne Farbe haben.

9. Vor dem Anschneiden die fertigen Zöpfe auf einem Gitter gut auskühlen lassen.

PLUNDERTEIG GRUNDREZEPT

Aus Plunderteig lassen sich Croissants machen, Pain au Chocolat, Franzbrötchen und vieles mehr. Es lohnt sich also dieses Rezept zu meistern.
Plunderteig ist eine Mischung aus einem Hefeteig und Blätterteig. Als Basis dient ein Hefeteig, in den, wie bei einem Blätterteig, eine Butterplatte eingearbeitet wird (touriert). Durch das Tourieren des Teiges, also das Ausrollen und wieder Zusammenfalten, entstehen viele Schichten von Teig und Butter. Die so getrennten Schichten sorgen, neben der Hefe, zusätzlich für eine physikalische Lockerung des Teiges. Das Wasser in der Butter verdampft beim Backen und hebt die einzelnen Schichten so voneinander ab.
Auf meinem YouTube-Kanal findest du eine Playlist (Techniken zum Backbuch) mit Videos, in denen hilfreiche Techniken veranschaulicht werden und auch das Tourieren gezeigt wird.

Stockgare: 30 Min. Zimmertemperatur + 8–12 Std. im Kühlschrank | Zwischen jeder Tour: mind. 30 Min., besser 1 Std.

ZUTATEN FÜR 1 PLUNDERTEIG:

500 g Weizenmehl Type 550
60 g Zucker
10 g Salz
25 g Butter (Zimmertemperatur)
1 Eigelb (Größe M)
125 g Milch (Zimmertemperatur)
125 g Wasser (20 °C)
20 g frische Hefe

FÜR DIE BUTTERPLATTE:
250 g Butter
50 g Weizenmehl Type 550

1. Mehl, Zucker und Salz in der Knetschüssel einer Küchenmaschine vermischen. Die Butter in Stücken dazugeben. Das Eigelb ebenfalls in die Schüssel geben. In einer separaten Schüssel Milch und Wasser vermischen und die Hefe mithilfe eines Schneebesens darin auflösen. Dann in die Knetschüssel gießen. 5 Minuten auf Stufe 1 mischen, dann weitere 5–7 Minuten auf Stufe 2 kneten, bis ein geschmeidiger Teig entstanden ist.

2. Teig zu einer Kugel formen und mit Folie abgedeckt 30 Minuten bei Zimmertemperatur ruhen lassen.

3. Anschließend die Teigkugel auf einer leicht bemehlten Arbeitsfläche mit dem Nudelholz möglichst rechteckig ausrollen (etwa 20 × 30 cm). Das Rechteck auf ein Blech mit Backpapier legen und mit Folie abgedeckt 8–12 Stunden (über Nacht) bei 4 °C in den Kühlschrank geben.

4. Für die Butterplatte ein Backpapier so falten, dass in der Mitte ein Quadrat von etwa 20 × 20 cm Größe entsteht. Die Butter in einer Schüssel von Hand mit dem Mehl vermischen und in die Mitte des Quadrats geben.

5. Das Backpapier darüber einschlagen und mit dem Nudelholz die Butter so ausrollen, dass eine möglichst gleichmäßige Butterplatte von ca. 20 × 20 cm Größe entsteht. Die Butterplatte ebenfalls über Nacht in den Kühlschrank stellen.

6. Am nächsten Tag die Butterplatte etwa 10 Minuten vor dem Teig aus dem Kühlschrank nehmen. Teig auf einer leicht bemehlten Arbeitsfläche mit dem Nudelholz zu einem Rechteck von 20 × 40 cm Größe ausrollen. Die Butterplatte in die Mitte legen und den Teig links und rechts darüber einschlagen und festdrücken. Wichtig: Die Butterplatte muss die gleiche Konsistenz und Festigkeit wie der Teig haben. Ist sie zu fest, bricht die Butter und lässt sich nicht richtig ausrollen. Den Teig auf etwa 20 × 60 cm Größe ausrollen.

7. Jetzt wird der Teig mehrmals touriert. Für Croissants und Pain au Chocolate jeweils eine doppelte und eine einfache Tour. Für Franzbrötchen zwei einfache Touren.

Einfache Tour:

1. Auf dem Teigrechteck an der Längsseite eine Markierung bei 20 cm und eine bei 40 cm machen.

2. Eine Seite bis zur 40-cm-Marke einklappen. Überschüssiges Mehl abpinseln und die andere Seite darüberklappen. Es entstehen 3 Schichten.

3. Den Teig leicht mit dem Nudelholz andrücken, gut in Folie einschlagen und mindestens 30 Minuten, besser 1 Stunde, im Kühlschrank kalt stellen.

Doppelte Tour:

1. Auf dem Teigrechteck an der Längsseite Markierungen bei 15 cm machen.

2. Eine Seite des Teiges bis zur 15-cm-Marke umklappen, die zweite Seite ebenfalls. Dann den Teig wie ein Buch zusammenklappen, sodass 4 Schichten entstehen.

3. Den Teig leicht mit dem Nudelholz andrücken, gut in Folie einschlagen und mindestens 30 Minuten, besser 1 Stunde, im Kühlschrank kalt stellen.

Thomas kocht

Zwischen jeder Tour muss der Teig gekühlt werden, damit die Butter nicht zu weich wird. Besonders wichtig ist das im Sommer.

CROISSANTS

Wer liebt nicht ein frisches, zart splitterndes Croissant zum Frühstück? Leider bekommt man wirklich handwerklich hergestellte Croissants immer seltener. Und die Butter als Zutat sucht man oft vergebens. Zugegeben, es ist ein wenig aufwendig, Croissants selbst zu Hause zu machen. Aber es macht auch unglaublich Spaß und ist sehr befriedigend, wenn man das fertige Ergebnis in der Hand hält. Croissants lassen sich auch sehr gut in rohem Zustand einfrieren. Man kann sie also prima auf Vorrat zubereiten.

Zwischen jeder Tour: mindesten 30 Min., besser 1 Std., kalt stellen | Stückgare: 2–2 ½ Std. | Backzeit: 20 Min.

ZUTATEN FÜR 10 STÜCK:

1 Grundrezept Plunderteig (siehe Seite 156)

ZUM BESTREICHEN:

1 Ei
1 EL Milch

1. Dem Plunderteig erst eine doppelte Tour, dann eine einfache Tour geben (siehe Seiten 157/158). Zwischen jeder Tour den Teig wieder für mindestens 30 Minuten, besser 1 Stunde, kalt stellen.

2. Teig nach der zweiten Tour nochmals 30 Minuten kalt stellen.

3. Teig auf einer bemehlten Arbeitsfläche mit dem Nudelholz zu einem Rechteck von 28 × 51 cm Größe ausrollen. Am langen Ende mit dem Messer die Seiten etwas gerade schneiden. Der Plunderteig sollte jetzt etwa 3 mm dick sein. An der langen Seite mit einem Lineal im Abstand von 10 cm Markierungen machen. Genauso auf der gegenüberliegenden Seite.

4. Mit dem Messer 5 Rechtecke mit einer Kantenlänge von 10 × 28 cm schneiden. Die Rechtecke schräg halbieren, sodass jeweils 2 Dreiecke entstehen. An der Basis jeweils einen etwa 1 cm langen Einschnitt machen, damit die Croissants größer werden.

5. Die Croissants vorsichtig etwas lang ziehen, dann von der Basis her ohne viel Druck aufrollen. Jeweils 5 Croissants auf ein mit Backpapier belegtes Blech setzen. ▶

6. Ei und Milch in einer Schüssel mit dem Stabmixer aufmixen und die Croissants einmal damit einpinseln. Die Bleche in den Ofen schieben und eine Schale mit heißem Wasser (aus dem Wasserhahn, nicht kochend) in den Ofen stellen. Die Croissants sollten 2–2 ½ Stunden bei 25–27 °C gehen. Das Wasser sorgt für eine höhere Luftfeuchtigkeit, so trocknen die Croissants nicht an. Aber Vorsicht! Es sollte nicht wärmer als 27 °C werden, sonst schmilzt die Butter.

7. Etwa 30 Minuten bevor die Croissants fertig gegangen sind, die Bleche aus dem Ofen nehmen und bei Zimmertemperatur weiter gehen lassen.

8. Den Ofen auf 200 °C Ober-/Unterhitze vorheizen.

9. Die Croissants nochmals vorsichtig mit der Eistreiche einpinseln, dann 10 Minuten im Ofen backen. Danach die Hitze auf 180 °C reduzieren und Croissants weitere 10 Minuten backen, bis sie schön goldbraun sind. Mit dem zweiten Blech genauso verfahren.

Thomas KOCHT

Die Croissants lassen sich nach dem Formen wunderbar einfrieren. Dafür die Croissants mit Abstand zueinander auf ein geeignetes Blech legen und einfrieren. Wenn Sie gefroren sind, kann man sie in einen Gefrierbeutel packen. Bei Bedarf die gefrorenen Croissants abends auf ein mit Backpapier belegtes Blech setzen, mit Folie locker abdecken und im ausgeschalteten Ofen über Nacht auftauen und gehen lassen. Morgens dann nur noch einpinseln und backen.

PAIN AU CHOCOLAT

Schon als Kind waren solche »Schokobrote« ein absolutes Highlight. Sie werden mit dem gleichen Teig wie die Croissants gemacht.

Zwischen jeder Tour: mindesten 30 Min., besser 1 Std., kalt stellen | Stückgare: 2–2 ½ Std. | Backzeit: 20 Min.

ZUTATEN FÜR 10 STÜCK:

1 Grundrezept Plunderteig (siehe Seite 156)

2 Tafeln dunkle Schokolade à 100 g (50 % Kakaoanteil)

ZUM BESTREICHEN:

1 Ei

1 EL Milch

1. Dem Plunderteig eine doppelte und eine einfache Tour geben (siehe Seiten 157/158). Den Teig nach jeder Tour mindestens 30 Minuten, besser 1 Stunde, im Kühlschrank kalt stellen.

2. Die Schokolade mit einem Messer (vorher unter heißes Wasser halten) in ungefähr 1 × 10 cm breite Streifen schneiden. Dabei das Messer wie eine Säge ohne viel Druck hin- und herbewegen. Sonst bricht die Schokolade. Insgesamt werden 20 Stangen benötigt.

3. Alternativ die Schokolade schmelzen und mit einem Spritzbeutel auf die gewünschte Länge spritzen. Danach im Froster kalt stellen. Ich bevorzuge die einfache Variante mit dem Messer.

4. Den Plunderteig auf einer leicht bemehlten Arbeitsfläche mit dem Nudelholz zu einem Rechteck von 50 × 30 cm Größe ausrollen.

5. Teig längs halbieren und dann im Abstand von 10 cm in Rechtecke schneiden. Insgesamt ergibt das 10 Rechtecke (10 × 15 cm).

6. Jeweils 1 Stück Schokolade an 1 Breitseite legen und einrollen. Dann ein zweites Stück Schokolade darauflegen und Teig weiter einrollen, bis das Teigende unter dem Pain au chocolat liegt. Brötchen kurz etwas flach drücken und auf ein mit Backpapier belegtes Blech legen. Mit den restlichen Rechtecken und der Schokolade ebenso vorgehen.

7. Mit den Pains au chocolat in der Folge ebenso verfahren wie mit den Croissants (siehe dazu Seite 160, 6–9).

FRANZBRÖTCHEN

Franzbrötchen sind das Hamburger Nationalgebäck. Man bekommt sie in wirklich jeder Bäckerei. Wir machen hier die ursprüngliche Version mit Plunderteig. Viele Rezepte verwenden einen einfachen Hefeteig. Es lohnt sich jedoch die Mühe, einen Plunderteig zuzubereiten.

Zwischen jeder Tour: mindesten 30 Min., besser 1 Std., kalt stellen | Stückgare: 2–2 ½ Std. | Backzeit: 20–25 Min.

ZUTATEN FÜR 10 STÜCK:

1 Grundrezept Plunderteig (siehe Seite 156)

optional zum Plundergrundteig noch etwas Zitronenabrieb dazugeben und 10 von den 60 g Zucker durch Vanillezucker ersetzen

ZUM BESTREUEN:

100 g Zucker (optional etwas Zucker durch 1 Päckchen Vanillezucker ersetzen)

3–4 TL gemahlener Zimt

ZUM BESTREICHEN:

1 Ei

1 EL Milch

1. Dem Plunderteig zwei einfache Touren geben (siehe Seite 157). Den Teig nach jeder Tour mindestens 30 Minuten, besser 1 Stunde, im Kühlschrank kalt stellen.

2. Den Teig nach der zweiten Tour nochmals 30 Minuten kalt stellen. Dann auf einer leicht bemehlten Arbeitsfläche mit dem Nudelholz zu einem 3 mm dicken Rechteck von etwa 50 × 30 cm Größe ausrollen.

3. Zucker und Zimt in einer Schüssel vermischen. Den Teig mit etwas Wasser einpinseln und mit der Zucker-Zimt-Mischung bestreuen.

4. Von der langen Seite der Teigplatte die unteren 3 cm einschlagen, dann den Teig einigermaßen fest aufrollen. Die Rolle in etwa 5 cm breite Stücke schneiden. Das geht am besten mit einem sehr scharfen Messer oder einem dünnen Faden.

5. Die Form bekommen die Franzbrötchen mithilfe eines Kochlöffels. Den Kochlöffel längs mittig auf eine Rolle legen und die Rolle kräftig eindrücken. Wichtig ist, die Rolle wirklich fest einzudrücken, damit sie die Form behält.

6. Die Franzbrötchen mit ausreichend Abstand auf zwei mit Backpapier belegte Bleche geben. Eine kleine Schüssel mit etwas heißem Wasser (etwa 100 ml, maximal 60 °C) in den Ofen stellen, die Bleche einschieben und die Brötchen im geschlossenen, ausgeschalteten Ofen 2–2 ½ Stunden bei maximal 27 °C gehen lassen. Etwa 30 Minuten bevor die Franzbrötchen fertig gegangen sind, das Blech aus dem Ofen nehmen und die Franzbrötchen bei Zimmertemperatur gehen lassen.

7. Den Backofen auf 220 °C Ober-/Unterhitze vorheizen.

8. Ei und Milch in einer Schüssel mit dem Stabmixer verquirlen und die Franzbrötchen damit einpinseln.

9. Die Franzbrötchen unter Zugabe von Schwaden auf mittlerer Schiene im Ofen 20–25 Minuten backen.

Wichtiger Hinweis: Das Wasser im Ofen während der Gehzeit dient dazu, neben Wärme etwas Luftfeuchtigkeit in den Ofen zu bringen, damit die Franzbrötchen nicht austrocknen. Die Temperatur darf dabei 27 °C nicht überschreiten, da sonst die Butter schmilzt. Wenn du kein Thermometer hast, um die Temperatur zu überprüfen, dann pinsle die Franzbrötchen mit der Eistreiche vor dem Gehen ein und stelle sie ohne Wasser in den Ofen. Dann kurz vor dem Backen nochmals einpinseln. Die Franzbrötchen müssen etwa 30 Minuten bis 1 Stunde länger gehen. Alternativ können sie auch abgedeckt bei Zimmertemperatur gehen, jedoch muss man aufpassen, dass die Folie nicht kleben bleibt.

BANANENBROT

Bananenbrot ist eigentlich kein richtiges Brot, sondern eher eine Art Rührkuchen. Sehr beliebt und überall bekannt ist es im englischsprachigen Raum, wo es eben Banana bread, also Bananenbrot, genannt wird. Wer es noch nie probiert hat, sollte es unbedingt tun. Es ist auch ideal, um überreife Bananen aufzubrauchen und funktioniert auch sehr gut mit tiefgefrorenen Bananen. Du kannst also reife Bananen im Froster sammeln, bis du genug für das Rezept zusammen hast.

Backzeit: 45–50 Min.

ZUTATEN FÜR 1 KASTENFORM (29 × 10 × 8 CM):

150 g Butter (Zimmertemperatur)
150 g brauner Zucker
4 Eier (Größe M)
400 g Bananen (4–5 Stück)
350 g Dinkelmehl Type 630 oder Weizenmehl Type 550
1 gute Prise Salz (2 g)
10 g Backpulver
¼ TL gemahlener Ingwer oder ein kleines Stück frisch geriebener Ingwer
Butter oder Öl für die Form
etwas Puderzucker zum Bestäuben

1. Butter und Zucker in eine Schüssel geben und mit einem Handrührgerät schaumig schlagen. Dann ein Ei nach dem anderen unterrühren. Jedes Ei etwa 30 Sekunden einrühren, damit es sich gut verbindet.
2. Die Bananen schälen und in einer Schüssel mit einer Gabel zerquetschen. Das Bananenmus zu der Butter-Ei-Mischung geben und gut verrühren.
3. Den Backofen auf 180 °C Ober-/Unterhitze vorheizen.
4. In einer separaten Schüssel Mehl, Salz, Backpulver und Ingwer vermischen. Das Mehl nach und nach mit einem Teigspatel unter die Butter-Ei-Bananen-Masse heben.
5. Eine Kastenform mit etwas Butter oder Öl einfetten und mit ein wenig Mehl bestäuben. Den Teig in die Form füllen und im Backofen 45–50 Minuten backen. Fertig ist der Kuchen, wenn man ein Holzstäbchen hineinsteckt und beim Herausziehen kein Teig daran hängen bleibt. Bananenbrot etwa 5 Minuten in der Form abkühlen lassen, dann auf ein Gitter stürzen und ganz auskühlen lassen. Mit Puderzucker bestäuben und genießen!

Tipp: Wer mag, kann auch 120 g gehackte Nüsse (z. B. Walnüsse oder Pekannüsse) in den Teig geben.

GLOSSAR

Anspringen lassen

Ein Teig anspringen lassen bedeutet, dass man ihn, bevor er in den Kühlschrank geht, 30 Minuten bis 1 Stunde bei Zimmertemperatur gehen lässt, um die Hefe etwas zu aktivieren.

Ausbund

Der Ausbund ist die Stelle, an der die Brotkruste aufreißt und auseinandergeht. Das kann kontrolliert durch Einschneiden passieren oder auch zufällig und spontan. Brote und Brötchen, die schon sehr weit gegangen sind, haben einen geringeren Ausbund als Brote mit knapper Gare.

Autolyse

Bei der Autolyse wird Mehl nur mit Wasser vermischt, bis das Mehl gebunden ist. Dann lässt man den Teig abgedeckt stehen. Diese Autolyse kann man von 30 Minuten bis zu mehreren Stunden machen. Durch Enzyme wird die Stärke des Mehls aufgespalten und ist so später als Nahrung für die Hefe verfügbar. Außerdem entwickelt sich das Glutennetz ganz von allein. So kann man auch die Knetzeit verkürzen.

Brühstück

Bei einem Brühstück wird Getreide, Schrot oder auch Saaten und Nüsse mit kochendem Wasser übergossen und zum Quellen stehen gelassen. Dadurch bleiben Brote und Brötchen saftiger, denn die Saaten entziehen dem Teig kein Wasser mehr. Außerdem werden sie weicher.

Fensterprobe

Die Fensterprobe dient dazu, zu testen, ob der Teig genug geknetet ist. Dabei versucht man, ein Stück von dem Teig mit angefeuchteten Fingern so dünn auszuziehen, dass man durchschauen kann. Reißt der Teig vorher, ist er nicht genug oder auch schon zu viel geknetet.

Mehlieren

Unter Mehlieren versteht man beispielsweise einen Fisch in Mehl zu wenden. Ich verwende den Begriff hier im Sinne von eine Arbeitsfläche oder auch einen Gärkorb mit Mehl zu bestäuben.

Ofentrieb
Unter Ofentrieb versteht man die Zunahme des Volumens eines Teiglings beim Einschieben in den Ofen. Wie stark oder schwach ein Brot im Ofen aufgeht, hängt mit dem Reifezustand des Teiglings zusammen. Ein Brot mit knapper Gare hat einen großen Ofentrieb, wogegen ein Brot mit voller Gare nur noch sehr wenig aufgeht. Ein übergares Brot hat überhaupt keinen Auftrieb mehr und fällt sogar zusammen.

Pâte fermentée
Das ist nichts anderes als ein Brotteig, den man über Nacht im Kühlschrank reifen lässt. Am nächsten Tag wird er einem frischen Brotteig zugegeben. Das verbessert den Geschmack, die Krume und auch die Frischhaltung des Brotes.

Quellstück
Ein Quellstück ist wie ein Brühstück, nur dass man hier warmes Wasser statt heißes oder kochendes verwendet. Dadurch sind die Quellzeiten auch meist deutlich länger. Quellstücke macht man häufig am Vortag und lässt sie über Nacht im Kühlschrank quellen.

Rundwirken
Als Rundwirken bezeichnet man das Formen des Teiges zu einer Kugel. Dabei wird Spannung auf der Außenhaut erzeugt, was zu einer besseren und gleichmäßigeren Porung und am Ende zu mehr Volumen führt.

Schluss
Schluss heißt die Naht, die beim Formen von Brot entsteht. So hat man zum Beispiel beim Brot immer eine glatte Oberseite und die untere Seite nennt man den Schluss.

Schwaden
Unter Zugabe von Schwaden oder unter Schwadengabe versteht man das Backen mit Dampf. Teigwaren beim Einschieben in den Ofen mit Dampfzugabe zu backen. Durch den Dampf bekommt man eine schöne Kruste und das Brot geht besser auf. Der Dampf hilft auch bei der Hitzeübertragung. Wie genau man das im Haushaltsofen umsetzen kann, steht im Kapitel »Backen, aber wie?« (Seite 17).

Stockgare
Als Stockgare bezeichnet man die Zeit, die der Teig direkt nach dem Kneten geht, bevor er geformt wird.

Stückgare

Die Stückgare ist die Zeit, die der fertig geformte Teigling zum Gehen hat, bevor er gebacken wird.

Teigling

Ein Teigling ist ein fertig geformtes Stück Teig, das noch nicht gebacken wurde.

Zwischengare

Zwischen Stockgare und Stückgare macht man manchmal noch eine Zwischengare. Das heißt, man formt den Teig vor und lässt ihn dann nochmals kurz ruhen (meist 5–20 Minuten). So entspannt das Gluten und das endgültige Formen des Brotes ist einfacher.

REZEPTREGISTER

Bibliografische Information der Deutschen Nationalbibliothek
Die Deutsche Nationalbibliothek verzeichnet diese Publikation in der Deutschen Nationalbibliografie. Detaillierte bibliografische Daten sind im Internet über https://dnb.de abrufbar.

Für Fragen und Anregungen
info@m-vg.de

Wichtiger Hinweis
Ausschließlich zum Zweck der besseren Lesbarkeit wurde auf eine genderspezifische Schreibweise sowie eine Mehrfachbezeichnung verzichtet. Alle personenbezogenen Bezeichnungen sind somit geschlechtsneutral zu verstehen.

Originalausgabe
6. Auflage 2025

Türkenstraße 89
80799 München
Tel.: 089 651285-0

Ein herzlicher Dank für die Unterstützung geht an Küchenwelten Hamburg.

Redaktion: Caroline Kazianka
Umschlaggestaltung: Manuela Amode
Abbildungen im Innenteil: S. 4, 6, 11, 13, 16, 21, 22, 54, 80, 96, 128, 148, 170, 176: Sascha Koglin – Seventysix Media; alle anderen Bilder: Rezeptfotografie Claudia Timmann
Umschlagabbildungen: Vorderseite: Sascha Koglin, Rückseite: Claudia Timmann
Satz: inpunkt[w]o, Haiger (www.inpunktwo.de)
Druck: Firmengruppe APPL, aprinta Druck, Wemding
Printed in Germany

ISBN Print 978-3-7423-1971-5
ISBN E-Book (EPUB, Mobi) 978-3-7453-1703-9

Wir produzieren nachhaltig
www.m-vg.de

Weitere Informationen zum Verlag finden Sie unter

www.rivaverlag.de

Beachten Sie auch unsere weiteren Verlage unter www.m-vg.de